크리스천 십대의
진로여행

크리스천 십대의 진로 여행

© 생명의말씀사 2022

2022년 4월 29일 1판 1쇄 발행
2024년 9월 10일　　 2쇄 발행

펴낸이 | 김창영
펴낸곳 | 생명의말씀사

등록 | 1962. 1. 10. No.300-1962-1
주소 | 서울시 종로구 경희궁1길 6 (03176)
전화 | 02)738-6555(본사) · 02)3159-7979(영업)
팩스 | 02)739-3824(본사) · 080-022-8585(영업)

지은이 | 이정호

기획편집 | 서정희, 박경순, 장주연
디자인 | 김혜진
인쇄 | 예원프린팅
제본 | 다온바인텍

ISBN 978-89-04-23028-0 (03230)

저작권자의 허락없이 이 책의 일부 또는 전체를
무단 복제, 전재, 발췌하면 저작권법에 의해 처벌을 받습니다.

이정호

하나님이 주신 꿈을 찾아가는

크리스천 십대의
진로여행

나는 어떤 사람이 될까?
내 마음이 두근거리는 일은 뭘까?

고민 많은
크리스천
청소년을 위한
꿈 찾기 안내서

추천사

저자는 인생이란 본질상 만남이라 정의하고, 모든 만남의 출발은 하나님과의 만남이라고 한다. 하나님과의 만남에서 나를 발견하고, 사람들과 세상을 발견하며, 나아가 진로와 소명을 발견할 수 있다는 것이다. 그렇다면 그렇게 복잡하고 힘들어 보이는 우리 앞의 난제들은 얼마나 간단한 것인가? 이 책은 하나님과의 참된 만남이야말로 학습 문제, 진로 찾기, 인생살이에 대한 비밀의 열쇠임을 신앙적으로, 교육적으로 명료하게 제시하고 있다.

_ **전광식**(독수리학교 이사장, 고신대학교 전 총장)

저자는 성실하고 유능한 교사입니다. 그는 일찍부터 기독교 교육에 대한 확신과 사명감을 가지고 기독교 대안학교인 독수리학교에서 가르침에 전념해 왔습니다. 이 책은 이런 그의 교육철학과 현장의 경험을 바탕으로 쓰인 책입니다. 무엇보다 청소년들이 자신의 진로를 찾는 일을 돕기 위해 아주 주도면밀하게 쓴 훌륭한 가이드북입니다. 학부모들과 교사들에게도 적극 추천하는 바입니다.

_ **정주채**(향상교회 은퇴목사)

연이 하늘 높이 날아오를 수 있는 이유는 줄로 연결되어 있기 때문이다. 줄이 끊어지면 잠시 자유를 누릴지는 모르나 이내 땅으로 곤두박질친다. 하나님 없는 자아실현만 눈에 보이는 이 시대 진로 교육은 줄 끊어진 연날리기와 같지 않을까? 아쉬움과 걱정이 많은 진로 교육 현장에 보석과 같은 책이 나왔다. 다음 세대를 하나님께 이어 주는 사명을 넉넉히 감당할 책이다. 이 책을 통해 하나님이 주시는 꿈을 만나 하늘 높이 날아오르는 청소년이 많아지기를 기도한다.

_ 김석홍(향상교회 담임목사)

진로 교육은 단지 직업을 정하는 것을 넘어 자기 자신과 삶을 알아 가는 교육입니다. 그러므로 자신에게 주어진 삶과 자기 자신, 내가 살아가는 세상의 필요에 대해 기독교 신앙 안에서 종합적으로 이해할 때 자신의 소명을 깨달아 갈 수 있게 됩니다. 이 책은 기독교 신앙을 기반으로 삶과 자아, 그리고 세상의 여러 필요에 대한 이해를 도울 수 있는 기초 지식과 실제적인 프로그램, 그리고 학생들에게 소개할 수 있는 좋은 롤 모델로 구성되어 있어, 진로를 탐색하는 십대 청소년뿐만 아니라 기독교적 진로 교육을 고민하는 학부모들과 교사들에게 유용한 참고 서적이 될 것입니다.

_ 김영식(좋은교사운동 공동대표)

자신과 세상에 대한 이해에 멈추지 않고, 하나님 나라의 회복을 소망하며 부르심을 준비하는 일은 기독교 학교에서 누릴 수 있는 진로 교육의 열매입니다. 하지만 이를 수업과 교재로 풀어내는 일은 참 어렵습니다. 그렇기에 그동안 교육 현장에서 이 과정을 탁월하게 세워 온 선생님의 앞선 헌신과 성실한 걸음이 귀합니다. 이 책이 다음 세대들에게, 그리고 여러 기독교 학교의 진로 교육을 세워 가는 일에 귀한 초석과 길잡이가 될 것을 확신하며 추천합니다!

_ 유기남(더샘물학교 진로교육디렉터)

저자는 10년이 넘도록 교육 현장에서 학생들과 함께 씨름하며 그들을 실제적으로 돕기 위해서 분투한 교육 전문가입니다. 저자의 깊은 고민과 경험을 풀어낸 좋은 책을 만날 수 있어서 참으로 반갑습니다. 이 책에는 성경적 진로 교육에 대한 탁월한 관점과 구체적인 워크숍이 가득합니다. 또한 아이들을 향한 사랑과 긍휼의 마음이 곳곳에 배어 있습니다. 다음 세대를 섬기는 분들에게 많은 도움이 될 것입니다.

_ 이해양(소명교육개발원 실장)

선생님의 수업을 통해 아홉 가지 진로 영역을 알고, 그 영역에서 하나님을 높이고 세상을 회복시킨 사람과 문화를 만나며 저도 하나님을 만나고 가까워질 수 있었습니다. 또 꿈 스펙트럼을 통한 진로 적합성 분석 같은 활동을 하며 내가 나아가야 할 방향을 정확히 알게 되었고, 희미하게 생각했던 진로가 뚜렷해졌습니다.
_ **백현**(학생, 용신중)

아직 나의 진로가 뚜렷하지 않았을 때 선생님의 진로 여행 수업을 듣게 되었다. 이 책에서 다양한 직업 영역을 만나고 하나님이 각 영역을 만드신 이유와 그 영역을 무너뜨린 사람들의 이야기를 들으면서 나를 많이 생각해 보게 되었다. 내가 흥미를 느낀 영역뿐 아니라 그렇지 않던 영역까지 알게 되는 유익한 시간이었다.
_ **최다은**(학생, 샘물중)

학교에서 '소명'에 대해 알아 가던 중, 내가 어떤 가치관을 가져야 할지 그 틀을 이 책을 통해 정리할 수 있었다. 진로는 하나님을 만남으로 시작해 기도로 다가선다는 것, 은사는 하나님이 주신 꿈을 찾는 나침반이라는 것이 인상 깊다. 꿈 로드맵 같은 구체적인 방법을 알게 되고 올바른 진로는 무엇인가 생각하게 되었다.
_ **문다예**(학생, 소명고)

세상은 나에게 어떤 직업이 돈과 명예를 얻을 수 있는지, 어느 분야에 내가 소질이 있는지 알려 주었지만, 정작 나에게 '어떤' 의사가 되고, '어떤' 선생님이 되어야 하는지 답을 주지 않았다. 그러던 중 이 책은 나에게 이 질문을 던졌다. "하나님 안에서 나는 어떤 사람으로 자라야 할까?" 세상이 제시하는 가이드가 아닌 '하나님 안에서….' 이것이 교회, 학교, 가정에서 이루어져야 할 진로 교육의 기본이 아닐까. 이 책을 통해 다음 세대가 하나님이 주신 비전을 품고 행복한 진로 여행을 하길 바란다.

_ **진유림**(학생, 민족사관고)

선생님을 처음 만났던 것은 7학년 학습법 수업에서였다. 우리 학교만의 자기 주도 학습, 즉 사교육 없이 스스로 공부를 계획하고 실천하는 학습이 되도록 길을 잡아 주었던 그 수업은 8학년 비상 프로젝트로 이어져, 학습뿐 아니라 진로에 대해서도 바른 고민을 하게 해 주었다. 내가 직업을 고르는 것이 아니라 하나님이 주신 비전대로 사명을 찾아가는 값진 시간이었다. 책에 담긴 선생님의 마음이 많은 선생님들과 학생들에게 전해지길 소망한다.

_ **김유진**(독수리학교 졸업생, 숭실대)

선생님의 수업은 늘 내 상상력을 자극했다. 기독교인의 진로가 직업적 성공이 아닌 하나님 나라 회복의 과정에 있음을 보여 주었기 때문이다. 책을 읽으면 자연스레 삶의 목적을 깨닫고 하나님 나라 회복에 헌신하는 자신을 발견하게 될 것이다. 하나님의 뜻을 구하지만 방향을 모르는 학생들에게 귀한 자료가 될 것이다.

_ 노희태(독수리학교 졸업생, 서울시립대)

스스로 시간을 정해 공부하는 것은 갓 중학생이 된 자녀에게 쉽지 않았습니다. 그러나 선생님과 함께한 자기 주도 학습에 익숙해지면서 조금씩 태도와 생활이 변화됐고, 이것은 자녀가 하나님이 주신 비전을 발견하는 데 도움을 주었습니다. 하나님의 비전을 찾는 후배들과 부모님들께 이 귀한 도서를 적극 추천합니다.

_ 한금영(학부모)

세상에는 많은 진로 책이 있지만 근본적인 방향의 한계에 부딪히는 경우가 많았다. 그런 점에서 제대로 된 방향으로 나아가도록 인도해 주는 책인 것 같다. 하나님이 주신 꿈을 만나는 과정을 한 단계 한 단계 구체적으로 제시하여, 생각이 많고 고민이 많은 청소년들에게 실제적인 도움을 주는 매우 유용한 책인 것 같다.

_ 이수현(학부모, 대월초등학교 교사)

CONTENTS

서문 12
이 책의 활용법 14

하나님과 만나기

01 하나님이 먼저 부르셨다   21
02 말씀으로 하나님 만나기   29
03 기도로 하나님 만나기   37

나와 만나기

01 나는 누구일까?   51
02 진짜 나는 누구일까?   59
03 꿈을 찾는 나침반 흥미·능력·가치관   63

사람과 문화 만나기

01 정치 · 법 · 공공	공동체를 조화롭고 질서 있게 가꾸기	79
02 경제 · 경영 · 금융	재화를 정직하게 생산하고 잘 소비하도록 돕기	87
03 교육	지식과 기술을 올바로 가르치고 인격을 기른다	95
04 인문 · 사회 · 언론	앞장서 문화를 이끌고 거짓 없이 소식을 전한다	103
05 문화 · 예술 · 스포츠	재능을 선하고 자유롭게 펼치자	111
06 사회복지 · 교회	인간의 삶을 돕고 영혼을 구제하는 방법	119
07 과학 · 공학 · 기술	지식을 탐구하고 이론을 응용해 공동체를 이롭게	127
08 보건 · 의료	생명을 지키고 건강을 증진한다	135
09 자연 · 운송 · 서비스	자연을 보존하고 사회가 원활하게 동작하도록	143

하나님이 주신 꿈 만나기

01 미래에는 어떤 직업이 생길까?	155
02 내 마음을 울리는 영역은?	167
03 진로 활동 맵과 꿈 스펙트럼	173
04 하나님이 주신 꿈을 만나는, 꿈 로드맵	193

참고 자료   200

서문

약 10여 년 전 기독대안학교에서 학습에 도움이 필요한 학생들에게 성경적인 학습과 진로를 지도할 때 이야기입니다. 효율적인 학습 방법과 함께 좋은 학습 태도와 습관을 훈련하며 성적이 오르자 아이들은 기뻐했고 어떤 친구는 자존감이 회복되기도 했습니다. 하지만 좋은 태도와 습관을 지속하는 것은 또 다른 고민이었습니다.

학습을 꾸준히 이어 가는 힘은 학생들의 꿈과 맞닿아 있는데 당시 성경적 관점에서 나온 진로 교재는 많지 않았습니다. 공교육에는 진로 교과서 및 진로 교재가 다양하게 있지만 교육 과정(자기 이해 → 직업 이해 → 진로 결정)의 한계로 하나님이 없는 진로 교육이 되기 쉽기에 아쉬움을 느꼈습니다.

아울러 대안학교 학생들이 활용할 수 있는 진로 활동 자료는 매우 부족했습니다. 다양한 진로 활동을 하며 꿈을 찾는 것이 좋다는 것은 모두 알지만 정작 아이들은 어떤 활동을 해야 할지 모르겠다고 말하는 아이러니한 상황이었습니다. 그러던 어느 날 모 기관에서 진로 체험 활동 자료집을 제작한 것을 알게 되어 대안학교에도 제공 가능한지 문의했는데 공립학교에만 제공된다는 속상한 답변을 들었습니다.

이 책은 이러한 두 가지 계기로 시작되었습니다. 진로 수업을 하며 학생들이 하나님이 주신 꿈을 만나도록 돕는 글을 쓰고, 진로 활동을 구체적으로 기록하고 활용할 도구를 만들었습니다. 또 출간된 진로 교재, 현장 방문, 전화 문의, 학생들의 진로 체험 보고서를 통해 다양한 진로 활동 자료를 수집해 선별했습니다.

이 책에는 그렇게 지난 10여 년간 학교 수업과 자기 주도 학습 프로그램, 교회 강의를 통해 학생들을 지도한 내용이 담겨 있습니다.

"학교에서는 이런 내용으로 배운 적 없어요."

"내가 그 자리에 가면 어떤 가치를 가지고 세상을 어떻게 회복시켜야 할지 생각하게 됐어요."

공립학교에 다니는 학생들이 강의를 들은 후 했던 이야기입니다.

"중학교 때 가장 기억에 남는 시간이었어요."

"아이가 꿈이 생겼다고 해요."

이제는 성인이 된 제자들과 부모님들의 말씀에 감사한 마음뿐입니다.

다음 세대를 이끌어 갈 이 땅의 청소년들이 하나님이 각자에게 줄로 재어 주신 아름다운 구역을(시 16:6) 만나는 데 부족한 저의 글이 작은 도구가 되고, 작은 쓰임이 되길 소망합니다.

이 정 호

이 책의 활용법

하나님이 주신 꿈을 만나는 과정을 네 개의 장으로 나누어 설명했습니다.

1장 '나 이해하기'로 시작하는 진로 교과서와 달리, 내가 아닌 '하나님을 만나기'에서 시작합니다. 먼저 하나님의 은혜와 부르심에 대해 생각해 보고, 말씀과 기도로 나를 부르신 하나님을 묵상하며 스스로 기도문을 작성해 봅니다.

2장 나를 만나는 과정입니다. 우선 부모님과 친구들이 나에 대해 하는 말을 통해 나의 강점과 약점을 알아보고, 성경은 나에 대해 어떻게 말하는지, 하나님이 보시는 진짜 나는 누구인지 알아봅니다. 그 후 나의 꿈의 방향을 찾도록 돕는 나침반, 즉 하나님이 내게 주신 '흥미 · 능력 · 가치관'이 무엇인지 이해합니다. 커리어넷(www.career.go.kr)과 워크넷(www.work.go.kr)에서 무료로 제공하는 검사를 활용합니다.

3장 세상으로 눈을 돌려 사람들과 문화를 만납니다. 직업을 9개 영역으로 구분하고, 각 영역에서 세상을 회복시킨 롤 모델과 문화를 살펴봅니다. 동시에 세상을 어둡게 한 사례도 성경적 가치관으로 들여다보고 그 영역의 회복을 위해 기도합니다. 직업 영역마다 마지막에 실린 '생각 정리' 질문에는 한국대학교육협의회 자기소개서와 실제 대학 면접에서 나온 질문 등이 포함되었습니다.

4장 내가 어떤 사람이 되고, 어떤 문화를 만들어 갈지에 대해 생각해 봅니다. 미래 세계에는 어떤 직업들이 있을지 예상해 보고, 그간 진로에 대해 탐색했던 내용을 '진로 활동 맵'으로 정리해 보며, '꿈 스펙트럼'을 통해 나와 내 꿈의 적합성을 분석합니다. 그 후 나의 인생 전체를 그린 '꿈 로드맵'을 만들어 봅니다.

꿈을 만나기 위해 고민하는 청소년들에게

이 책은 느리게 읽으면 좋겠어요. 여기에는 제 수업을 담았습니다. 실제 수업에 참여하듯 생각을 기록하며 활동한 후 기도로 배움을 마치도록 구성해서, 많이 읽어도 하루에 소화하기 어렵습니다. 1-2일에 한 챕터씩 천천히 읽고 설명에 따라 꼭 활동해 보세요.

저는 교회에서 10주 과정의 진로 교육을 진행하는데, 이때 1-9주 차에는 3장의 롤 모델을 소개하고, 10주 차에는 학생들이 '꿈 로드맵'을 활용해 그동안 배운 모든 과정을 정리하게 하고 있습니다. 시간상 수업에서 다루지 못한 부분은 학생들이 스스로 읽고 기록해 와서 다음 수업 시간에 친구들과 이야기한답니다.

자녀의 진로 문제로 고민하시는 부모님들께

사랑하는 자녀가 하나님이 주신 꿈을 만날 수 있도록 부모님이 먼저 하루에 한 챕터씩 읽으시길 권합니다. 책을 먼저 읽으시면 자녀와 대화할 내용이 자연스럽게 발견됩니다. 자녀가 책을 읽고 활동을 마치면 자녀가 기록한 글을 보며 이야기를 나누신 후 축복하는 기도로 마무리해 주세요. 부모님의 기도로 사랑하는 자녀의 꿈이 시냇가에 심은 나무와 같이 자라날 것입니다.

끝으로 꿈을 만나는 과정이 책상 위 활동에 그치지 않고 확대되도록 롤 모델(619건), 진로 미디어(576건), 진로 체험 기관(175건), 진로 연계 봉사 기관(53건), 진로 인터뷰 방법(3건), 진로·진학 참고 사이트(9건) 등 참고 자료를 블로그에 공유합니다. 제 자녀도 이 자료를 활용하고 있답니다. 여러분도 꼭 활용해 보세요.

부록 참고 자료 진로 탐색 활동 나침반

1. 롤 모델
2. 진로 미디어
3. 진로 체험 활동
4. 진로 연계 봉사 활동
5. 삶을 배우는 시간, 인터뷰
6. 진로·진학 참고 사이트

* 부록 참고 자료는 이정호 선생님의 블로그에 있습니다.

블로그: 성경적인 학습과 진로 이야기

(blog.naver.com/dlwjdgh9395)

하나님과 만나기

너희는 그 은혜에 의하여 믿음으로 말미암아 구원을 받았으니
이것은 너희에게서 난 것이 아니요 하나님의 선물이라
… 우리는 그가 만드신 바라 그리스도 예수 안에서
선한 일을 위하여 지으심을 받은 자니
이 일은 하나님이 전에 예비하사
우리로 그 가운데서 행하게 하려 하심이니라(엡 2:8, 10).

고민 많은
크리스천 청소년을 위한
꿈 찾기 안내서

"하나님을 알지 못하고는 자신을 알지 못한다."
(Without knowledge of God there is no knowledge of self.)
- 존 칼빈(John Calvin)

01

하나님이 먼저 부르셨다

1. 진로 여행의 시작

최근 교육계의 주요 이슈 중 하나가 진로 교육입니다. 이에 따라 다채로운 체험 활동을 통해 교육 과정을 운영하는 자유학기제가 2016년부터 전면 도입되어 학생들이 다양하게 진로 활동을 해오고 있습니다. 그렇다면 진로 교육은 어떤 목표를 지니고, 어떤 과정으로 이루어질까요?

진로 교과서의 교육 과정은 크게 세 단계로 이루어집니다. 먼저 자기를 이해하고, 다양한 직업을 알아보고, 이를 바탕으로 자신의 진로를 결정하는 과정입니다. 공교육의 이러한 진로 교육은 좋은 방법입니다. 하지만 "하나님을 알지 못하고는 자신을 알지 못한다"라는 존 칼빈의 말처럼, 정말 자신을 잘 알기 위해서는 교육학적인 가치관이 아닌 성경적인 가치관으로 접근하는 것이 필요합니다.

자기 이해로 시작하는 진로 교과서와 달리 이 책은 하나님을 만나는 데서 시작합니다. 하나님의 은혜와 부르심을 통해 우리는 하나님께 나아가고 그분을 만날 수 있습니다. 이 만남을 통해 비로소 나를 이해하게 되며 토기장이 되신 하나님이 빚으신 진짜 나를 만날 수 있습니다.

나를 만난 후에는 하나님이 만드신 다양한 영역에서 하나님을 대신해 "다스리라"(창 1:28)는 말씀에 따라 세상을 다스리고 회복시킨 사람들과 그들이 만든 문화를 만납니다. 그리고 하나님이 아름답게 창조하신 영역이 사람의 죄로 인해 허물어진 안타까운 모습을 보며 그곳이 회복되길 함께 기도합니다.

진로 여행의 마지막에는 십대인 여러분이 살아갈 미래의 세계를 알아본 후, 하나님이 각자에게 주신 약속의 말씀에 근거해 10대, 20대, 30대, 그리고 노년에 이르기까지 내 인생을 담은 꿈 로드맵을 그리며 모든 일정을 마치게 됩니다.

하나님의 은혜로 시작된 이 여행을 통해 여러분을 향한 하나님의 부르심을 듣고 믿음으로 순종하며 걸어가는 복된 삶이 되길 바랍니다.

꿈을 만나는 단계

진로 교과서	단계	「크리스천 십대의 진로 여행」
자기 이해	1	하나님과 만나기
직업 세계 탐색	2	나와 만나기
진로 결정	3	사람과 문화 만나기
	4	하나님이 주신 꿈 만나기

2. 시대를 향한 하나님의 은혜와 부르심

개인과 시대적 상황이 어둠과 고통 속에 있을 때도 각 영역마다 사람들을 향한 하나님의 은혜와 부르심이 있었습니다. 많은 사람이 하나님의 부르심이 아닌 자신이 원하는 것을 따라 살아갔으나, 한편 하나님의 부르심에 응답한 사람들이 있었고 그들은 자신도 모르게 역사의 페이지를 새롭게 써 갔습니다.

1811년 미국의 한 목회자 가정에 해리엇 비처 스토(Harriet Beecher Stowe)라는 딸이 태어났습니다. 그녀는 자라며 가혹한 노예 제도로 고통받는 사람들을 보며 안타까운 마음이 들었습니다. 이를 하나님이 주신 마음으로 생각한 그녀는 기도하며 하나님이 주신 재능인 글쓰기를 사용해 1850년부터 밤마다 노예 제도에 대한 소설을 쓰기 시작했습니다. 소설에서 정직한 그리스도인이지만 흑인 노예였던 주인공 톰이 폭력적인 주인에게 맞으면서도 외쳤던, "비록 나의 몸은 당신에게 팔려 왔지만, 내 영혼만은 하나님의 것입니다"라는 고백은 노예 제도에 대한 그녀의 생각을 잘 나타내고 있습니다.

톰의 비참한 생애를 통해 잔혹한 노예 제도의 실상을 사람들에게 알린 소설 『톰 아저씨의 오두막』은 1852년 출간된 후 미국 처음으로 밀리언셀러가 되었습니다. 이는 노예 제도의 폐해를 널리 알리며 노예에 대한 사람들의 인식을 바꾸는 시작점이 되었습니다. 이 생각들은 점점 더 커져서 1861년 발발한 미국 남북전쟁 중에 이뤄진 노예 해방의 기초가 되었습니다. 1862년 에이브러햄 링컨 대통령이 스토를 만나 "당신이 큰 전쟁을 일으킨 작은 여인이군요"라고 말할 만큼 그녀의 책은 그녀가 생각한 것 이상으로 세상에 큰 영향을 끼쳤습니다.

책이 출판된 지 11년이 지난 1863년, 링컨 대통령은 마침내 노예 해방을 선언했고 그의 정적에게조차 "일리노이의 이류 변호사가 신의 도구로 쓰였다"라는 고백을 받게 되었습니다. 그리고 출판된 지 111년이 지난 1963년, 인종이 다른 사람들과 함께 자유를 누리는 것을 꿈꾸었던 스토의 마음은 흑인 목사인 마틴 루서 킹의 역사에 남는 연설, "나에게는 꿈이 있습니다"에서 "나의 자녀가 피부색이 아니라 인격으로 판단되는 나라에서 사는 날이 오기를 꿈꿉니다"라는 문구로 다시 흘러나왔습니다.

노예 제도로 고통받는 이들의 부르짖음에 대한 하나님의 은혜는 시대를 관통해 그분의 부르심에 응답한 사람들을 통해 이루어졌습니다. 마침내 2009년 1월 20일, 미국 역사상 처음으로 흑인인 버락 오바마(Barack Obama)가 제44대 대통령에 취임했습니다.

해리엇 비처 스토   에이브러햄 링컨   마틴 루서 킹

3. 나에게도 하나님의 은혜와 부르심이 있을까?

주전 1406년경 모세는 약속의 땅 가나안에 들어가기 전, 하나님이 애굽에서 이스라엘 민족을 건져 내신 것과 40년 광야 생활 동안 인도해 주신 것에 대한 감사를 선포했습니다. 그러면서 그는 가나안 땅에서도 이스라엘 백성이 하나님의 말씀에 순종하며 살아갈 것을 당부했습니다.

야곱의 가족 70명이 극심한 가뭄을 피해 애굽으로 이주한 지 430년 만에 열두 지파, 약 200만 명의 민족으로 부흥한 것은 하나님의 은혜가 아니면 설명할 수 없는 일이었습니다. 더구나 자유인에서 노예로 전락한 이스라엘이 고통받던 애굽에서의 생활을 끝내고 약속의 땅 가나안에 들어간 이 모든 일은 단 하나도 이스라엘의 힘과 능력으로 된 것이 아니라, 오직 하나님의 은혜로 이루어졌습니다.

저 역시 삶에서 기쁠 때도 있었고 또 고통의 순간도 있었는데, 힘든 그 당시에는 몰랐지만 돌이켜 보니 하나님의 은혜로 그분의 손을 붙잡고 헤쳐 갈 수 있었습니다. 삶 속에서 어떤 하나님의 은혜를 경험했나요? 나의 삶 속에서 나의 손을 잡고 함께 걸어 주신 하나님의 은혜를 생각하며 감사의 고백을 기록하고 친구들과 나누어 보세요.

―――――――――――――――――――――――――

―――――――――――――――――――――――――

이스라엘은 모세의 마지막 당부에도 불구하고 문화적으로 앞선 가나안에 동화되어 결국 하나님의 은혜를 잊어버리고 말았습니다. 그러나 하나님은 그런 이스라엘조차 구원하시기 위해 주전 615년경 정의를 행하고 진리를 구하는 한 사람을 찾으셨고(렘 5장), 그로부터 2,600년도 더 흐른 지금 이 순간에도 죄로 어두워진 세상을 회복하고픈 하나님의 마음을 품은 한 사람을 찾고 계십니다.

사람들이 인종과 피부색으로 차별받지 않고 평등하게 살기를 원하신 하나님의 부르심에 해리엇 비처 스토, 에이브러햄 링컨, 마틴 루서 킹은 자신의 영역에서 응답했고, 그들의 수고를 통해 하나님의 나라가 이 땅 가운데 이루어졌습니다. 오늘 나는 하나님의 부르심에 귀를 기울이고 있나요? 아니면 수많은 사람처럼 멋져 보이는 이 땅의 문화를 따라 살고 있나요?

이 시간 내가 하나님의 부르심에 귀를 기울이며 살아가고 있는지 생각해 보세요. 하나님의 음성을 듣기 위해서는 먼저 하나님과 인격적인 교제가 있어야 합니다. 정말 나의 삶에서 하나님을 만나며 그분의 음성을 듣고 있는지 정직하게 생각해 보고 다음 표에 표시해 보세요.

관심 없고 응답하지 않는다	1	2	3	4	5	6	7	8	9	10	귀 기울이며 응답한다

4. 내가 하나님과 만나는 방법은?

나를 향한 하나님의 부르심을 듣기 위해서는 하나님을 만나고 그분의 음성에 귀 기울이는 것이 필요합니다. 우리가 더 친밀한 친구와 더 깊은 이야기를 나누듯이, 나와 하나님도 더 친밀해질 때 더 깊은 이야기를 나눌 수 있습니다.

친구들과 대화와 만남을 통해 더 친해지듯이, 하나님과도 대화와 만남을 통해 더 친밀해질 수 있습니다. 지금 나는 하나님을 어떤 마음으로 어떻게 만나고 있나요? 하나님과의 만남에 대한 나의 마음과 태도를 다음 표에 기록해 보세요.

하나님을 만나는 방법	시기 (주기)	점수 (10점 만점)	이유 (그때의 마음과 태도)
예) QT	평일만	5	QT를 하지만 습관적으로 하고 있다.

여기 기록한 내용을 친구들과 나누어 보세요. 내가 하나님을 만나는 방법과 당시 좋았던 경험을 친구들에게 나누고, 친구들의 이야기도 들어 보세요. 친구들이 하나님을 만나는 다양한 방법 중 따라 해 보고 싶은 것이 있다면 한 가지를 선택해 플래너 등에 기록하고 일주일 동안 꼭 실천해 보세요.

5. 배움을 넘는 기도

우리를 향한 하나님의 은혜와 부르심에 대해 생각해 보았습니다. 배움을 통해 어떤 마음이 들었나요? 자신에게 하고 싶은 이야기를 쓰거나 하나님께 드리고 싶은 이야기를 기도로 표현해 보세요. 여러분이 작성한 기도문으로 기도하고 배움을 마칩니다.

02 말씀으로 하나님 만나기

세상에는 얼마나 많은 직업이 있을까요? 세계 경제를 이끌어 가는 미국의 경우 약 3만 개의 직업이 있고, 일본은 약 2만 5천 개, 그리고 우리나라는 2019년 통계청 기준 1만 2,823개의 직업이 있습니다. 그중 청소년이 희망하는 직업은 무엇일까요?

1. 청소년이 희망하는 직업

2019년 한국보건사회연구원과 서울대학교 사회복지연구소가 발표한 "2018년 한국복지패널 기초 분석 보고서"에서 중학생이 선호하는 상위 직업군 3개를 찾아보면 1위는 연예인, 운동선수, 예술가, 작가 등이 포함된 **문화·예술·스포츠 분야**(29.44%)이고, 2위는 교사, 교수 등이 포함된 **교육 분야**(15.58%)이며, 3위는 의사, 간호사, 한의사, 사회복지사 등이 포함된 **보건·의료와 사회복지·교회 분야**(9.83%)였습니다.

참고로 지난 10여 년간의 직업 선호도를 알기 위해 교육부와 한국직업능력개발원이 발표한 "2023년 초중등 진로 교육 현황 조사"를 보면 2012년, 2016년, 2023년 자료에서 초등학생과 중학생이 희망하는 직업은 교사와 의사가 1-3위를 꾸준히 유지합니다. 반면 고등학생의 경우 교사는 여전히 희망 직업 1위였지만 의사는 7, 8, 5위로 순위가 변동됩니다.

2. 차이를 만드는 기준, 가치관

다음 사진 속 인물들은 누구일까요? 왼쪽부터 장기려 박사와 알베르트 슈바이처, 요제프 멩겔레(Josef Mengele)입니다. 이들의 직업은 학생과 학부모가 선호하는 전문직인 '의사'였습니다.

세 사람 모두 학창 시절부터 학업 면에서 우수한 성취를 보이며 의과 대학에 진학했습니다. 이들은 사람들이 선망하는 의사가 되었고, 실제로 의술도 매우 뛰어났습니다.

왼쪽부터 두 사람은 기독교 신앙의 가치 안에서 성장했습니다. 어릴 때부터 배운 기독교 신앙은 이들이 성인이 되어 지니게 된 의사로서의 가치관에도 큰 영향을 미쳤습니다. 이들은 환자들이 비록 가난하거나 다른 인종이라 해도 함부로 대하지 않고 존중했고, 수많은 생명을 치료하고 구했습니다. 그래서 우리는 그들의 헌신에 대한 존경의 의미를 담아 사후 수십 년이 지난 오늘까지도 그들을 의료계의 '성자'라 부르고 있습니다.

하지만 오른쪽 사진 속 요제프 멩겔레는 독일군 나치 친위대의 장교이자 아우슈비츠 수용소의 내과 의사였습니다. 그는 수용소로 끌려온 사람들 중 누구를 죽이고 누구를 강제 노동이나 생체 실험에 동원할지를 손짓 하나로 결정했습니다. 또 독일 민족이 타 민족보다 우월하다는 자신의 우생학(인류를 유전학적으로 개량하기 위해 열등한 사람들에 대한 차별을 정당화하는 학문, 현재는 학문이 아닌 사상으로 간주)에 기초한 신념과, 과학의 발전을 위한다는 명분으로 수감자들에게 잔혹한 생체 실험을 한 것으로 악명 높았습니다.

그는 수용소에 근무한 21개월 동안 40만 명 이상을 죽게 만든, 수감자들에게 '죽음의 천사'(Angel of Death)로 불린 공포의 대상이었습니다. 그는 나치 패망 후 남미로 도주해 신분 세탁을 하고 체포를 두려워하며 살다가 1979년 브라질에서 심장마비로 사망했습니다.

> "'환자가 돈이 없어서 의사를 보지 못하고 죽으면 그저 불쌍타. 나는 그런 사람을 위해서 의사가 되겠다.' 혼자 생각이지만 하나님께 소원을 항상 이야기해요. 그래서 그 소원을 지금도 잊지 않고 계속합니다." – 장기려

> "모범을 보이는 것은 다른 사람에게 영향을 미치는 가장 좋은 방법이 아니다. 유일한 방법이다." – 알베르트 슈바이처

"아들아, 나에 관해서 쓴 내용을 네가 어느 정도 믿고 있다는 이야기는 하지 말아 다오! 맹세컨대 나는 결코 누군가에게 해를 끼친 적이 없다." – 요제프 멩겔레가 1977년 그의 아들에게 쓴 편지

과연 무엇이 그들의 삶을 같게도 하고, 다르게도 했을까요? 아마도 그들은 기본적으로 성실하고 지적인 면에서 매우 우수했을 것입니다. 그렇기에 학업에서 높은 성취를 했고 의학 박사라는 쉽지 않은 타이틀을 얻을 수 있었습니다. 하지만 그들의 마음에 담긴 삶에 대한 가치관은 전혀 달랐습니다.

가치관은 단지 생각의 차이에 그치지 않고 내가 세상을 바라보고 대하는 행동까지도 결정하며, 결국은 삶의 방향을 결정합니다. 기독교적 가치관과 진화론적 가치관(우생학의 뿌리는 진화론에서 시작합니다)의 차이는 동시대 세 명의 인물이 전혀 다른 삶을 살게 했고, 직업 가치관에도 영향을 미쳐 그들을 만난 환자들의 삶도 바꾸었습니다.

3. 강렬한 자극과 세미한 음성

세상에는 즐겁고 재미있는 일이 참 많습니다. 흥겨운 음악과 춤, 멋진 연예인과 화려한 패션, 신나는 게임과 운동 등은 아이들의 대표적인 오락이며 강렬한 자극입니다. 또 어떤 사람들에게는 많은 돈을 버는 것, 권력을 누리는 것, 하고 싶은 일을 마음껏 하는 것이 인생의 목표이자 삶을 살게 하는 강렬한 자극입니다. 이렇게 세상에서 밀려오는 즐거움과 자극의 홍수에서 여러분은 하나님의 음성을 어떻게 듣고 있나요?

구약의 엘리야 선지자는 자신을 죽이려는 왕 아합과 그의 아내 이세벨을 피해 호렙산으로 도망갔습니다. 도망가는 길에 지치고 낙망해 차라리 죽기를 원했던 엘리야를 하나님은 위로하시고 만나 주셔서 새 힘을 주셨습니다. 그런데 하나님은 크고 강한 바람이나 지진과 불 가운데서 나타나지 않으셨고, '세미한 음성' 가운데 엘리야에게 나타나셨습니다.

오늘 하나님이 세미한 음성으로 나에게 말씀하실 때 만약 내가 나의 눈과 귀를 가리는 강렬한 자극 속에 살고 있다면 하나님의 말씀을 나는 어떻게 들을 수 있을까요? 영적인 존재로 지으심을 받은 사람은 마음이 무엇인가로 채워지게 되어 있고, 그 채워지는 것으로 가치관이 형성됩니다. 만약 내가 하나님을 만나고 그 분의 음성을 듣는 데 무관심하다면 내 마음은 무엇으로 채워지고, 내 가치관은 어떻게 형성될까요?

우리보다 먼저 믿음의 길을 걸어간 사람들은 말씀 묵상(QT)이 하나님의 음성을 듣고 하나님과 교제하는 좋은 방법이라 여겼습니다. 이 시간 내가 말씀 묵상을 하는 습관을 생각해 봅시다. 나는 날마다 하나님의 말씀을 거울 삼아 나를 돌아보고 있나요? 나에게 말씀 묵상이란 무엇인가요? 자신의 생각을 기록해 보세요.

- 나에게 말씀 묵상이란?

- 그 이유는?

4. 배움을 넘는 기도

말씀을 통해 하나님과 교제하며 그분의 세미한 음성을 듣는 일에 대해 생각해 보았습니다. 배움을 통해 어떤 마음이 들었나요? 자신에게 하고 싶은 이야기를 쓰거나 하나님께 드리고 싶은 이야기를 기도로 표현해 보세요. 여러분이 작성한 기도문으로 기도하고 배움을 마칩니다.

고민 많은
크리스천 청소년을 위한
꿈 찾기 안내서

03

기도로 하나님 만나기

1. 약속의 말씀 묵상하기

이스라엘 백성이 하나님을 떠나 이방 문화를 받아들이고 하나님이 아닌 강대국을 의지할 때, 이스라엘은 마치 솔로몬 시절처럼 겉으로는 더욱 번영하는 것 같았지만 내부는 점점 부패하며 쇠약해졌습니다. 그러다 결국 북이스라엘은 주전 722년 앗수르에, 남유다는 주전 586년 바벨론에 멸망당했습니다.

바벨론에 끌려간 소년 다니엘은 세계에서 가장 강한 나라인 바벨론의 문화를 따르지 않고 하나님의 말씀을 따라 살기로 뜻을 정했고, 이전과 같이 매일 기도하는 습관을 이어 갔습니다. 힘이 없어 멸망한 나라에서 잡혀 온 포로의 이 결심은 바벨론에서 성공하도록 돕기보다 오히려 실패하게 할 것 같아 보입니다. 그러나 하나님은 이 결심을 기뻐하시어 다니엘에게 뛰어난 학문과 지혜를 주셨고, 사람들에게 은혜를 얻게 하셨습니다.

주전 6세기경 페르시아는 3명의 총리와 120개의 도를 보유한, 세계에서 가장 강력한 제국으로 전성기를 맞이했습니다. 10대 때 포로로 끌려온 다니엘도 이제는 시간이 흘러 80대 노인이 되었습니다. 하지만 그는 소년 시절에 정한 뜻을 평생토록 지켰고, 소년 다니엘에게 약속하신 하나님의 은혜도 평생 이어졌습니다. 그 은혜로 포로였던 다니엘은 페르시아 제국을 다스리는 3명의 총리 중 한 명이 되었고, 다리오왕의 깊은 신뢰를 받았습니다.

하지만 우리가 잘 알다시피, 다니엘은 그를 시기한 다른 총리들에 의해 모함을 당했습니다. 목숨이 위험한 상황에서 다니엘은 어떻게 행동했나요? 그는 늘 하던 대로, 즉 습관을 따라 하루에 세 번 기도하며 하나님께 감사했습니다. 만약 나라면 어떻게 했을 것 같나요? 나의 기도 습관은 어떤가요? 다니엘처럼 좋은 기도의 습관을 세우며 하나님이 주신 꿈을 따라가는 여러분이 되길 바랍니다.

꿈을 준비하기 위해 붙잡고 기도할 말씀을 11가지로 구분해 놓았습니다. 자신이 평소 붙잡고 기도하는 말씀이 있으면 12번에 직접 기록하세요. 다음 말씀을 묵상하는 가운데 하나님이 나에게 주시는 약속의 말씀을 붙잡고 꿈을 위한 기도문을 만들어 보세요.

1) 길을 인도하시는 하나님

- 사람이 마음으로 자기의 길을 계획할지라도 그의 걸음을 인도하시는 이는 여호와시니라(잠 16:9).
- 이 하나님은 영원히 우리 하나님이시니 그가 우리를 죽을 때까지 인도하시리로다(시 48:14).
- 주는 나의 반석과 산성이시니 그러므로 주의 이름을 생각하셔서 나를 인도하시고 지도하소서(시 31:3).

2) 지혜와 능력을 주시는 하나님

- 누구든지 지혜가 부족하거든 … 하나님께 구하라 그리하면 주시리라(약 1:5).
- 여호와는 지혜를 주시며 … 행실이 온전한 자에게 방패가 되시나니(잠 2:6-7).
- 예수께서 열두 제자를 불러 모으사 … 능력과 권위를 주시고(눅 9:1).

3) 구하는 자에게 좋은 것으로 주시고 행하시는 하나님

- 그가 … 좋은 것으로 네 소원을 만족하게 하사 … 독수리같이 새롭게 하시는 도다(시 103:3, 5).
- 구하라 그리하면 너희에게 주실 것이요 찾으라 그리하면 찾아낼 것이요 문을 두드리라 그리하면 너희에게 열릴 것이니 … 아버지께서 구하는 자에게 좋은 것으로 주시지 않겠느냐(마 7:7-11).
- 내가 진실로 진실로 너희에게 이르노니 나를 믿는 자는 내가 하는 일을 그도 할 것이요 또한 그보다 큰 일도 하리니 … 내 이름으로 무엇이든지 내게 구하면 내가 행하리라(요 14:12-14).

4) 마음에 맞는 자에게 능력을 베푸시는 하나님

- 내가 … 다윗을 만나니 내 마음에 맞는 사람이라 내 뜻을 다 이루리라(행 13:22).
- 여호와의 눈은 온 땅을 두루 감찰하사 전심으로 자기에게 향하는 자들을 위하여 능력을 베푸시나니(대하 16:9).
- 네가 … 내 길로 행하며 내 눈에 합당한 일을 하며 내 종 다윗이 행함 같이 내 율례와 명령을 지키면 … 내가 다윗을 위하여 세운 것같이 너를 위하여 … 세우고 … 주리라(왕상 11:38).

5) 사람마다 재능을 주시고 선용하기를 원하시는 하나님

- 그 종들을 불러 … 각각 그 재능대로 … 달란트를 주고 떠났더니 … 후에 … 주인이 돌아와 그들과 결산할새 다섯 달란트 받았던 자는 … 와서 … 내가 또 다섯 달란트를 남겼나이다 그 주인이 이르되 잘하였도다 착하고 충성된 종아 네가 적은 일에 충성하였으매 내가 많은 것을 네게 맡기리니(마 25:14-21).
- 여호와께서 … 이르시되 내가 … 브살렐을 지명하여 부르고 하나님의 영을 그에게 충만하게 하여 지혜와 총명과 지식과 여러 가지 재주로 정교한 일을 연구하여 … 만들게 하며(출 31:1-4).
- 이 복음을 위하여 그의 능력이 역사하시는 대로 내게 주신 하나님의 은혜의 선물을 따라 내가 일꾼이 되었노라(엡 3:7).

6) 기도를 들으시고 행하시는 하나님

- 너희가 내게 부르짖으며 내게 와서 기도하면 내가 너희들의 기도를 들을 것이요(렘 29:12).
- 하나님이 실로 들으셨음이여 내 기도 소리에 귀를 기울이셨도다(시 66:19).
- 여호와의 말씀에 … 너희 말이 내 귀에 들린 대로 내가 너희에게 행하리니(민 14:28).

7) 하나님이 주신 뜻을 알며 행하는 사람

- 너희는 이 세대를 본받지 말고 오직 마음을 새롭게 함으로 변화를 받아 하나님의 선하시고 기뻐하시고 온전하신 뜻이 무엇인지 분별하도록 하라(롬 12:2).

- 너희로 하여금 모든 신령한 지혜와 총명에 하나님의 뜻을 아는 것으로 채우게 하시고(골 1:9).
- 너희 안에서 행하시는 이는 하나님이시니 자기의 기쁘신 뜻을 위하여 너희에게 소원을 두고 행하게 하시나니(빌 2:13).

8) 이 세대를 본받지 않는 깨끗한 사람

- 누구든지 … 자기를 깨끗하게 하면 귀히 쓰는 그릇이 되어 거룩하고 주인의 쓰심에 합당하며 모든 선한 일에 준비함이 되리라(딤후 2:21).
- 여호와의 산에 오를 자가 누구며 그의 거룩한 곳에 설 자가 누구인가 곧 손이 깨끗하며 마음이 청결하며 뜻을 허탄한 데에 두지 아니하며(시 24:3-4).
- 다니엘은 뜻을 정하여 왕의 음식과 그가 마시는 포도주로 … 자기를 더럽히지 아니하도록 환관장에게 구하니 하나님이 다니엘로 하여금 환관장에게 은혜와 긍휼을 얻게 하신지라(단 1:8-9).

9) 믿음으로 순종하는 사람

- 믿음은 바라는 것들의 실상이요 보이지 않는 것들의 증거니 … 믿음으로 아브라함은 부르심을 받았을 때에 순종하여 … 유업으로 받을 땅에 … 갈 바를 알지 못하고 나아갔으며(히 11:1-2, 8).
- 눈물을 흘리며 씨를 뿌리는 자는 기쁨으로 거두리로다 울며 씨를 뿌리러 나가는 자는 반드시 기쁨으로 그 곡식 단을 가지고 돌아오리로다(시 126:5-6).
- 여호와께서 … 맹세하여 이르시되 … 오직 여분네의 아들 갈렙은 온전히 여호와께 순종하였은즉 그는 그것을 볼 것이요 그가 밟은 땅을 내가 그와 그의 자손에게 주리라 하시고(신 1:34, 36).

10) 손이 능숙하고 재능 있는 사람

- 이에 그[다윗]가 그들[이스라엘]을 자기 마음의 완전함으로 기르고 그의 손의 능숙함으로 그들을 지도하였도다(시 78:72).
- 네가 자기의 일에 능숙한 사람을 보았느냐 이러한 사람은 왕 앞에 설 것이요 천한 자 앞에 서지 아니하리라(잠 22:29).
- 솔로몬왕이 사람을 보내어 히람을 … 데려오니 … 그는 … 재능을 구비한 자이더니 솔로몬왕에게 와서 그 모든 공사를 하니라(왕상 7:13-14).

11) 자기 일을 즐거워하는 사람

- 그러므로 나는 사람이 자기 일에 즐거워하는 것보다 더 나은 것이 없음을 보았나니 이는 그것이 그의 몫이기 때문이라(전 3:22).
- 사람이 … 모든 수고 중에서 낙을 보는 것이 선하고 아름다움을 내가 보았나니 그것이 그의 몫이로다 … 제 몫을 받아 수고함으로 즐거워하게 하신 것은 하나님의 선물이라(전 5:18-19).
- 네 하나님 여호와 앞에서 … 네 손으로 수고한 모든 일로 말미암아 네 하나님 여호와 앞에서 즐거워하되(신 12:18).

12) 내게 주신 약속의 말씀

※ 부모님과 상의한 후 내가 품고 기도할 약속의 말씀을 추가할 수 있습니다.

_____

_____

_____

_____

2. 약속의 말씀에 근거해 기도하기

약속의 말씀을 묵상한 후에는 소년 다니엘처럼 흔들리지 않고 하나님의 뜻을 분별하며 걸어갈 수 있도록, 꿈을 위한 기도문을 만들고 기도할 장소와 시간도 함께 정해 보세요. 기도문을 어떻게 만들어야 할지 모르겠으면 다음 페이지를 참조해 하나님께 대한 **감사**, 나의 약함에 대한 **고백**, 말씀에 근거한 **간구** 등의 내용으로 기록해 보세요.

"다니엘이 … 자기 집 … 윗방에 올라가 … 전에 하던 대로 하루 세 번씩 무릎을 꿇고 기도하며 그의 하나님께 감사하였더라"(단 6:10).

- 기도하는 장소:
- 기도하는 시간:
- 꿈을 위한 기도문:

기도문을 만들 때 참조할 수 있도록 진로가 정해진 경우와 아직 정해지지 않은 경우 등 두 가지 사례의 기도문을 담았습니다. 나를 위해 누구보다도 간절히 기도해 주실 분은 부모님이십니다. 자신이 만든 기도문을 부모님께 보여 드리고, 구하는 자에게 좋은 것을 주시고 행하시겠다는 하나님의 약속의 말씀을 신뢰하며 부모님과 함께 기도해 보세요.

1) 진로가 정해진 경우

사랑의 하나님, 저에게 작가의 꿈을 주셔서 감사합니다. "누구든지 이런 것에서 자기를 깨끗하게 하면 귀히 쓰는 그릇이 되어 거룩하고 주인의 쓰심에 합당하며 모든 선한 일에 준비함이 되리라"라는 디모데후서 2장 21절 말씀처럼, 세상을 본받거나 따르지 않고 항상 깨끗하게 살도록 도와주세요. 세상의 다른 사람들과 같이 타락하거나 하나님의 말씀에 어긋나는 글을 쓰는 사람이 아닌, 주님의 사랑을 전하기 위해 글을 쓰는 주님의 자녀가 되기를 원합니다.

열왕기하 6장 16절, "두려워하지 말라 우리와 함께한 자가 그들과 함께한 자보다 많으니라"라는 말씀을 붙들고 나가도록 도와주세요. 부모님과 함께 진로를 위해 드리는 기도가 매일매일 이어지고, 삶에서도 조금씩 아름다운 열매를 맺을 수 있도록 도와주세요. 그리고 제 마음속에 갖게 된 작가의 꿈이 하나님이 주신 꿈인지 저의 생각인지 기도하며 분별하게 하시고, 학업에서도 준비를 잘할 수 있도록 도와주세요.

하나님, 저는 공부할 때 시간 관리와 집중하는 훈련이 필요합니다. 자투리 시간도 활용을 잘해 시간을 낭비하지 않으며, 공부할 때 다른 생각에 빠지지 않고 집중해 학생의 본분에 충실하게 해 주세요. 그래서 언젠가 도전의 기회가 올 때 준비된 모습으로 당당히 임할 수 있도록 도와주세요. 감사드리며 예수님의 이름으로 기도합니다. 아멘.

2) 아직 진로가 정해지지 않은 경우

하나님, 저를 이 땅에 보내 주셔서 감사합니다. 제가 앞으로 어떤 길을 가야 할지 아직 잘 모르지만 무엇보다 하나님을 만나고 하나님의 마음에 맞는 사람이 되고 싶습니다. "여호와의 눈은 온 땅을 두루 감찰하사 전심으로 자기에게 향하는 자들을 위하여 능력을 베푸시나니"라는 역대하 16장 9절 말씀을 의지해, 제가 하나님의 마음에 맞고 하나님을 향하는 사람이 되어 하나님이 능력을 베풀어 주시는 사람이 되도록 인도해 주세요.

하나님은 지혜를 주시며, 구하는 자에게 좋은 것으로 주시고 또 행하신다고 하셨으니 그 약속을 믿고 하나님께 구합니다. 제가 좋아하는 것들과 잘하는 것들을 구분해 저의 달란트를 발견하고, 성실하게 훈련해 하나님 나라에서 쓰임 받도록 도와주세요. 부모님과 선생님께 온전히 순종하고, 신앙과 생활, 학업에서 균형을 갖추도록 노력하며, 수고의 열매를 기쁨으로 거두는 삶이 되게 해 주세요. 예수님의 이름으로 기도합니다. 아멘.

3. 좋은 습관 만들기

약속의 말씀에 근거해 꿈을 위한 기도문을 작성한 후에는 정해진 시간에 꾸준히 기도하는 실천이 필요합니다. 다니엘도, 예수님도 모두 정해진 시간에 꾸준히 기도하여 우리에게 기도의 본을 보였습니다. 꾸준히 무엇인가를 하는 것은 생각하기는 쉽지만 실제 행동으로 옮기기가 참 어렵습니다. 해야 할 일보다 하고 싶은 일을 먼저 하고, 상황을 핑계로 손쉽게 타협하는 것이 우리의 본성이기 때문입니다.

습관을 세우는 제일 좋은 방법은 작은 일부터 한 번에 한 가지씩 하며 기록하는 것입니다. 말씀을 묵상하고 진로를 위해 기도드린 후 다음 표에 63일 동안 매일 기록해 보세요. 63일이 너무 길어 보이나요? 21일씩 3회만 기록해 보세요! 기록을 마친 후에는 나에게 좋은 습관으로 되돌아올 것입니다.

"하나님은 우리에게 성공을 요구하지 않으십니다. 하나님은 단지 우리가 노력하기를 바라십니다." - 마더 테레사(Mother Teresa)

습관 세우기 기록

※ 구분: 월/일, □ 말씀 묵상, □ 기도 　　※ 범례: 이행 (○), 미이행 (X), 불가피한 사유 (·)

/	/	/	/	/	/	/
1 □□	2 □□	3 □□	4 □□	5 □□	6 □□	7 □□
/	/	/	/	/	/	/
8 □□	9 □□	10 □□	11 □□	12 □□	13 □□	14 □□
/	/	/	/	/	/	/
15 □□	16 □□	17 □□	18 □□	19 □□	20 □□	21 □□

/	/	/	/	/	/	/
1 □□	2 □□	3 □□	4 □□	5 □□	6 □□	7 □□
/	/	/	/	/	/	/
8 □□	9 □□	10 □□	11 □□	12 □□	13 □□	14 □□
/	/	/	/	/	/	/
15 □□	16 □□	17 □□	18 □□	19 □□	20 □□	21 □□

/	/	/	/	/	/	/
1 □□	2 □□	3 □□	4 □□	5 □□	6 □□	7 □□
/	/	/	/	/	/	/
8 □□	9 □□	10 □□	11 □□	12 □□	13 □□	14 □□
/	/	/	/	/	/	/
15 □□	16 □□	17 □□	18 □□	19 □□	20 □□	21 □□

2장

나와 만나기

네가 내 눈에 보배롭고 존귀하며 내가 너를 사랑하였은즉(사 43:4).

나의 사랑, 내 어여쁜 자야 일어나서 함께 가자(아 2:10).

고민 많은
크리스천 청소년을 위한
꿈 찾기 안내서

73.7%
어떤 수치일까요?
지금 이 순간에도 우리나라 학생들은 대학 진학을 위해
남들보다 더 많은 양의 공부를 더 빨리 마치려고 노력하며,
그 결과 2021년 기준 고교 졸업자의 73.7%가 대학에 진학하고 있습니다.
하지만 학생들이 대학을 선택하는 이유를 물었던 2014년의 한 조사에 따르면,
대학 선택의 첫 번째 기준이 자신의 적성이나 진로 분야가 아닌
입학 가능성이었다는 답변이 30.1%로 가장 높았습니다.
자신에 대한 이해나 진로에 따른 전공 선택이 아닌
대학 입학을 위한 전공 선택의 결과는 어떨까요?
대학 재학생의 72.7%, 대학 졸업생의 87.9%가 전공 선택을
후회한다고 답변했습니다.
빠른 속도로 공부하고 좋은 대학에 가서
좋은 직업을 갖는 것이 인생의 목적이 아니라,
나를 가장 잘 아시는 하나님과 인격적으로 교제하면서 나를 이해하고,
이를 바탕으로 전공을 정하고, 진로를 성실히 걸어가며,
자신의 영역에서 하나님의 나라를 회복하는 것이
인생의 바른 목적이고 바른 방향입니다.

01

나는 누구일까?

1. 나를 만나기

한 번뿐인 인생에서 '직업'은 어떤 의미가 있을까요? 누구나 가슴 뛰는 일을 하며 행복하게 살길 원하지만, 많은 사람에게 직업 현장은 즐거운 곳이 아닌 생계를 위해 수고하는 곳이 되었습니다. 하지만 성경은 직업이 '평생 수고하여 그 소산을 먹는'(창 3:17) 고통의 현장이 아니라, 사람이 "수고함으로 즐거워하게 하신 것은 하나님의 선물"(전 5:19)이라고 말합니다. 즉 직업은 하나님이 우리에게 주신 선물입니다.

내가 참여할 직업의 영역에서 나의 수고가 고통이 아닌 선물이 되기 위해서는 내가 무엇을 잘하고 어떤 것에 흥미가 있는지를 알아야 합니다. 연예인들이 입는 멋지고 예쁜 옷도 나의 체형과 맞지 않으면 어울리지 않고 불편하듯이, 사람들이 좋아하고 선호하는 직업도 나의 특성에 맞지 않으면 설령 그 자리에 가더라도 즐겁지 않고 불편할 수 있습니다.

하나님이 내게 주신 꿈을 만나기 위한 첫 번째 단계는 그 꿈을 주신 하나님을 만나는 것이고, 두 번째 단계는 하나님이 "은혜의 선물"(엡 3:7)로 주신 나의 특성을 아는 것입니다. 하나님은 꿈을 주실 때 우리가 그 꿈에 다가서고 그 꿈을 누릴 수 있도록, 필요한 능력도 선물로 함께 주시는 분입니다.

하지만 의외로 "저는 잘하는 것이 없어요. 제가 무엇을 좋아하는지도 모르겠어요"라는 아이들이 많습니다. 나의 약점은 잘 알겠는데 장점이 무엇인지 모르겠다고 생각하는 친구가 있다면 걱정하지 마세요. 내가 느끼는 나의 약점은, 하나님이 주셨지만 나도 잘 몰랐던 장점의 또 다른 이름입니다. '2장 나와 만나기'를 통해 나의 장점과 약점, 그리고 진로를 찾아가는 데 필요한 세 가지 핵심 요소(흥미·능력·가치관)를 파악해 보세요. 이것이 꿈을 찾는 나침반이 되어 하나님이 주신 꿈으로 나를 이끌어 갈 것입니다.

여기서는 나를 이해하는 첫 번째 단계로 나의 장점과 약점에 대해 생각해 보려고 합니다. 학교와 교회에서 청소년들을 만나 보면 적지 않은 아이들이 공부도 운동도 잘하고 인기도 많은 친구에 비해 무엇 하나 잘하는 것이 없는 듯한 자신을 보며 때로는 속상해하고 스스로를 낮게 보는 것 같습니다. 한 학생은 자신이 공부를 못해서 자신의 성적을 '쓰레기'라고 불렀습니다(나중에 이 아이가 어떻게 자신을 긍정적으로 바라볼 수 있도록 성장했는지, 그 모습을 함께 볼 수 있다면 좋을 텐데요!).

다른 사람에게 고민을 말하지 못하고 혼자 끙끙대는 친구들에게, 자신의 약점 때문에 새로운 도전과 기회를 포기하려고 했던 한 15세 소년의 이야기를 들려주겠습니다.

1789년 벼슬길에 오른 다산 정약용은 정조의 총애 아래 암행어사 등 주요 관직을 맡고 수원성을 설계하는 등 뛰어난 업적을 남겼습니다. 하지만 1801년 천주교 신자로 의심받아 전남 강진으로 귀양을 갔습니다. 1년 후 다산은 그곳에서 한 아전의 아들인 15세 소년 황상을 만났는데, 그의 재능을 알아보고는 그에게 학문을 권했습니다. 이때 어린 황상은 이렇게 이야기했습니다.

"선생님, 저는 너무 둔하고 앞뒤가 꽉 막혔고 분별력이 없다는 세 가지 단점이 있습니다."

자신이 똑똑하지 않아 이해력도 떨어지고 사리 분별도 잘 못한다고 생각했던 황상은 그래서 자신이 학문을 배울 자격이 없다고 생각했던 것입니다. 하지만 다산은 이렇게 대답했습니다.

"배우는 사람에게는 세 가지 큰 단점이 있단다. 한 번 보고 외우면 뜻을 음미하지 않아 금방 잊어버리고, 제목만 줘도 글을 지으면 글이 가볍고, 한마디만 해도 알아들으면 깊이가 없는데, 너는 그렇지가 않구나. 아이야, 부지런하고, 부지런하고, 부지런해라. 마음을 정하면 된단다."

어린 황상은 다산의 이야기를 듣고 용기를 내어 제자가 되었고, 이때 받은 스승 다산의 "부지런하고, 부지런하고, 부지런하라"라는 삼근(三勤)의 가르침을 평생 마음에 간직했습니다.

다산은 소년 황상이 시에 재능이 있음을 보고 시를 집중해 가르쳤습니다. 스승의 유배가 풀려 서울로 돌아간 후에도 황상은 스승의 가르침을 따라 평생 농사를 지으면서도 부지런히 옛 시를 읽고 공부하며 시를 지었습니다. 후에 다산은 자신의 제자 중 시에 대하여는 황상뿐이라며 매우 칭찬했는데, 추사 김정희 또한 황상의 시에 감탄해 직접 찾아갈 정도로 그는 시에 조예가 깊었습니다. 훗날 추사는 황상의 시와 글을 모은 책 『치원유고』(巵園遺稿)에 "지금 이 세상에 이 같은 작품은 없다"라는 서문을 기록했습니다.

노년의 황상이 지은 "산방에서 차 마신 뒤"라는 시를 소개하겠습니다. 15세, 그 어린 시절에 스승에게 받은 가르침을 평생 기억하며 살았던 황상의 삶을 그의 시를 통해 느껴 보길 바랍니다.

산방에서 차 마신 뒤

_ 황상

봄 떠나니 산은 문득 늙은 듯하고 구름 가자 바위는 가벼워진 듯
소나무의 자태에 찬 뜻이 없고 대나무 기운찬 정기 띠고 있구나

가난해도 편안히 웃는다 하나 시 거칠면 좋은 이름 어이 얻으리
아이에게 삼근(三勤)의 가르침 주니 스승께 받자온 것 여태 행하네

2. 나의 장점과 약점

소년 황상의 약점은 그가 몰랐던 장점의 또 다른 표현이었습니다. 나의 약점이 부정적으로 소모되는 것이 아니라 장점으로 나타나려면 어떻게 해야 할까요?
다음 표에 내가 생각하는 내 장점이나 재능 등을 기록해 보세요. 그리고 부모님과 나를 잘 아는 친구들에게 같은 질문을 하고 답변을 기록해 보세요.

내가 생각하는 장점	부모님이 말씀하신 장점	친구들이 말해 주는 장점
1.	1.	1.
2.	2.	2.
3.	3.	3.

이번에는 내가 생각하는 나의 약점을 적어 보세요. 그리고 다음과 같이 부정적으로 생각했던 내 약점을 긍정적인 장점이 되는 표현으로 바꾸고, 장점으로 쓰일 수 있는 상황도 생각해 보세요.

약점으로 표현하는 말	장점으로 표현하는 말	약점이 장점으로 나타날 때
예) 나댄다.	적극적이다. 사교적이다.	모임에서 친화력이 있다.

3. 나를 표현하는 문장 만들기

나, 부모님, 친구들이 답변한 내 장점과 내 약점을 장점으로 표현한 말 중에서 많이 기록된 답변이나 가장 마음에 드는 답변을 다음 표에 적어 보세요.

공통된 장점	약점을 장점으로 바꾼 말
예) 말을 잘한다. 사람을 좋아한다.	예) 적극적이다.

내 약점과 장점에 대한 이해를 바탕으로 나를 다른 사람에게 소개하는 문장을 만들어 보세요. 약점을 장점으로 바꾼 말로 문장을 시작하고, 많이 나온 장점이

나 좋아하는 장점 두 가지 이상을 꼭 포함하세요. 나를 소개하는 문장을 만든 후 그 문장으로 친구들에게 자신을 표현해 보세요.

예) "저는 ○○○입니다." "저는 **사교적이고** 말을 잘하며 사람을 좋아하는 ○○○입니다."

___

___

___

4. 배움을 넘는 기도

나의 약점과 장점에 대해 알아보았습니다. 장점도 중요하지만, 소년 황상처럼 약점은 내가 몰랐던 나의 장점의 또 다른 표현일 수 있습니다. 배움을 통해 어떤 마음이 들었나요? 자신에게 하고 싶은 이야기를 쓰거나 하나님께 드리고 싶은 이야기를 기도로 표현해 보세요. 여러분이 작성한 기도문으로 기도하고 배움을 마칩니다.

고민 많은
크리스천 청소년을 위한
꿈 찾기 안내서

02

진짜 나는 누구일까?

1. 성경이 말하는 나는 누구일까?

내가 보는 나의 모습이 어떠하든지 하나님은 나를 보배롭고 존귀하게 여기며 사랑한다 말씀하십니다(사 43:4). 하나님이 보시기에 나는 어떤 존재일까요?

조용한 CCM 연주곡을 들으며 각각의 초성을 참조해 알맞은 단어를 생각해 보고, 해당 성경 구절을 찾아 문장을 완성하세요. 나를 향한 하나님의 사랑과 계획을 풍성히 누리는 시간이 되길 축복합니다.

때로는 나조차 소중하게 생각하지 않는 내 존재의 가치에 대해 성경은 이렇게 말합니다. 나는!

1) 하나님의 'ㅈㄴ'입니다(롬 8:16).
2) 하나님께 'ㅅㄹ'받는 존재입니다(요일 4:10).
3) 'ㅊㅅ'전에 그리스도 안에서 택함 받았습니다(엡 1:4).
4) 'ㅎㄴㄴ'이 나의 모태에서 나를 만드셨습니다(시 139:13).

5) 그리스도 안에서 새로운 'ㅍㅈㅁ'입니다(고후 5:17).

6) 종이 아닌 하나님의 'ㅇㄷ'이며 유업을 받을 사람입니다(갈 4:7).

7) 'ㅌㅎㅅ' 족속, 'ㅇㄱㅇ' 제사장, 'ㄱㄹㅎ' 나라이며, 하나님의 백성입니다(벧전 2:9).

죄는 마치 우는 사자와 같이 나를 삼키기 원하며 끊임없이 유혹하고 정죄하며 헐뜯습니다. 때로는 죄책감으로 하나님께 나가는 것조차 부끄럽고 스스로가 무가치하게 생각될 만큼 죄는 사탄의 가장 강력한 무기입니다. 내 존재의 가치를 무너지게 하는 죄에 대해 성경은 이렇게 말합니다. 나는!

1) 그리스도와 함께 십자가에 'ㅁ' 박혔습니다(갈 2:20).

2) 'ㅈ'에 대하여 죽었습니다(롬 6:2, 11).

3) 예수님이 채찍에 맞으심으로 'ㄴㅇ'을 얻었습니다(벧전 2:24).

4) 그리스도 안에서 'ㅈㅈㅎ'이 없습니다(롬 8:1).

5) 그리스도 안에서 'ㅇㅅ'를 받았습니다(엡 4:32).

6) 그리스도와 함께 살아났고 'ㄱㅇ'을 받았습니다(엡 2:5-6).

7) 그리스도로 말미암아 하나님과 'ㅎㅁ'하게 되었습니다(고후 5:18).

하나님은 죄로 인해 죽을 수밖에 없는 나를 위해 아들을 보내시고 십자가에서 대신 죽게 하셨습니다. 설명은 단 한 줄로도 할 수 있지만, 그 안에 담긴 사랑을 어떻게 표현할 수 있을까요? 십자가에서 자신의 사랑을 확증하신 하나님은 갈 길 모르는 양과 같은 나를 이 땅에 왜 보내셨을까요? 성경은 이렇게 말합니다. 하나님은 나를!

1) 하나님과 이웃을 'ㅅㄹ'하도록 지으셨습니다(마 22:37-39).
2) 하나님의 'ㄱㄹ'한 일을 위해 부르셨습니다(딤후 1:9).
3) 충성되이 여기시고 내게 'ㅈㅂ'을 맡기셨습니다(딤전 1:12).
4) 하나님과 'ㅎㅁ'하게 하시고 'ㅎㅁ'하게 하는 직분을 주셨습니다(고후 5:18).
5) 세상의 'ㅅㄱ'과 'ㅂ'으로 부르시고 착한 행실로 하나님께 영광 돌리게 하셨습니다(마 5:13-14).
6) 통해 생명을 'ㄱㅇ'하기를 원하십니다(창 45:5).
7) 복 주시며 하나님의 'ㅎㅅ'으로서 세상을 'ㄷㅅㄹㄱ'를 원하십니다(창 1:26, 28).

2. 배움을 넘는 기도

하나님이 나를 어떻게 바라보시는지에 대해 알아보았습니다. 배움을 통해 어떤 마음이 들었나요? 자신에게 하고 싶은 이야기를 쓰거나 하나님께 드리고 싶은 이야기를 기도로 표현해 보세요. 여러분이 작성한 기도문으로 기도하고 배움을 마칩니다.

꿈을 찾는 나침반

흥미 · 능력 · 가치관

　직업 선택에서 흥미와 능력(적성), 가치관은 그 직업에 종사할 때 만족과 보람을 느끼게 하는 중요한 3가지 요인입니다.

　자신의 흥미와 가치관에 맞는 분야에 종사할 때 직업은 수고로움이 아닌 "내게 줄로 재어 준 구역"(시 16:6)으로 "자기 일에 즐거워하는"(전 3:22) 현장이 됩니다. "내게 주신 하나님의 은혜의 선물"(엡 3:7)인 자신의 능력(적성)을 발휘할 수 있는 직무에 있을 때 내가 그 일을 잘할 뿐만 아니라 그 일을 통해 더 발전하며 직업인으로서 긍지와 보람을 느낄 수 있습니다.

　여기서는 진로와 관련된 기관들에서 제공하는 표준화된 검사를 활용해 나의 직업에 대한 흥미, 능력(적성), 가치관을 알아봅니다. 이 결과는 '4장 하나님이 주신 꿈 만나기'에서 작성할 꿈 스펙트럼에 활용됩니다. 다만 표준화된 검사, 즉 자기보고형 심리검사는 검사할 때의 기분이나 환경, 그리고 검사자의 성장에 따라 변화할 수 있으므로 올바른 진로 선택을 위해서는 직업 체험, 진학 과정 조사 등 종합적인 진로 탐색 활동이 함께 이루어지고 고려되어야 합니다.

1. 자기의 일을 즐겁게 할 수 있는, 흥미

교육부가 지원하고 한국직업능력개발원이 운영하는 커리어넷의 무료 진로 검사를 통해 내가 어떤 분야에 흥미와 관심이 있는지를 알 수 있습니다.

1) 직업흥미검사(H) 실시하기

흥미는 어떤 활동을 상쾌하거나 불쾌하게 느끼거나, 수락하거나 거부하는 개인의 경향을 의미하고, 특히 직업 흥미는 직업을 선택하고 지속하고 직업에 만족을 느끼는 것과 밀접한 관련이 있습니다. 이 검사는 여러분이 어떤 일에 얼마나 흥미를 느끼는지를 알아보고, 알맞은 직업을 탐색하도록 돕기 위한 것입니다.

❶ 커리어넷(www.career.go.kr) – 진로심리검사 – 중·고등학생용 – 직업흥미검사(H)
❷ 홀랜드 흥미검사와 해석으로 약 20분 소요

커리어넷이나 워크넷은 학생과 성인을 위한 여러 진로 검사를 무료로 제공하는데, 다른 사설 기관의 유료 검사가 필요하지 않을 만큼 양질입니다. 다만 비회원으로 검사하면 나중에 〈검사 결과 다시보기〉에 제한이 있으므로, 두 기관에 회원으로 가입하는 것이 좋습니다. 회원 가입 시 〈이름 또는 닉네임〉에 반드시 자신의 이름으로 가입해, 검사 후 〈검사 결과 다운로드〉나 〈이메일 보내기〉를 선택해 검사 결과를 USB나 이메일로 저장하거나 전송합니다. 회원은 지난 검사 결과가 필요한 경우 〈완료한 검사 결과 보기〉로 언제든지 다시 볼 수 있습니다.

2) 직업흥미검사(H) 결과 기록하기

직업흥미검사(H) 결과를 아래 표에 기록해 진로 탐색에 활용하세요. 먼저 〈예시 결과〉를 참조해, 검사 결과(T 점수)를 오른쪽 〈나의 결과〉에 꺾은선그래프로 표시하고, 각 꼭짓점에는 T 점수를 기록합니다. 그 후에는 아래 설명을 참고해 T 점수와 백분위 점수의 주요 내용을 다음 페이지의 표에 기록하세요.

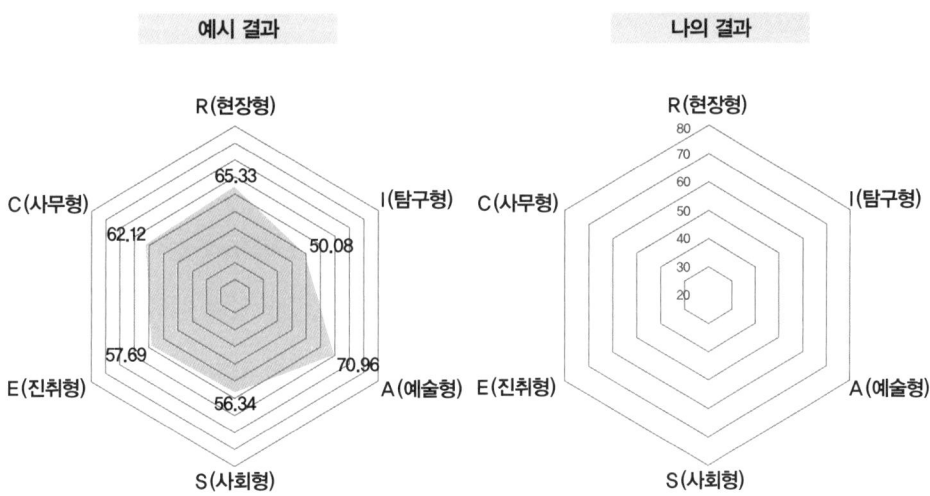

※ 구분: 검사 결과지의 결과를 비교 및 활용할 수 있도록 T 점수와 백분위 점수로 구분합니다.
- T 점수 항목: 결과지 1쪽의 T 점수를 기준으로 상위 3개의 흥미 유형, T 점수, 관심 직업을 기록합니다.
- 백분위 점수 항목: 결과지 6쪽의 백분위 점수를 기준으로 상위 3개의 흥미 유형, 백분위 점수(직업군), 관심 직업을 기록합니다.

※ T 점수와 백분위 점수의 상위 3개는 서로 다를 수 있으며, 만약 점수가 동점이면 모두 기록합니다. 백분위 점수가 높은 직업군과 나의 관심 직업군은 다를 수 있습니다.

※ 관심 직업을 선택할 때는 결과지 3–5쪽에 소개된 대표 직업을 참고하세요. 더 많은 대표 직업은 선생님의 블로그를 참조하세요.

구분	항목	1순위	2순위	3순위
T	흥미 유형			
	T 점수			
	관심 직업			
백분위	흥미 유형			
	백분위 점수(직업군)			
	관심 직업			

※ 관심 직업 기록 시 블로그(성경적인 학습과 진로 이야기 – 진로이야기 – 흥미유형추천직업) 참고

2. 내게 주신 하나님의 선물, 능력

능력(적성)은 그 직업에 종사할 때 내가 잘할 수 있고 그 일을 통해 더 발전할 수 있는 요인입니다. 성경이 말하는 능력은 내가 값을 주고 산 것이 아닌 "자기의 뜻을 따라 성령이 나누어"(히 2:4), "내게 주신 하나님의 은혜의 선물"(엡 3:7)입니다.

하나님이 우리에게 선물로 주신 능력에 합당한 자리에 있을 때 직업은 '가시덤불과 엉겅퀴 가운데 땀을 흘리는'(창 3:18-19) 곳이 아닌 "각각 은사를 받은 대로 하나님의 … 선한 청지기"(벧전 4:10)로서 우리를 향한 하나님의 계획을 이루는 은혜의 현장이 됩니다.

자신의 능력(적성)을 검사하는 여러 검사가 있는데, 여기서는 커리어넷의 직업적성검사를 활용해 직업에 필요한 능력 11가지 중 나는 어떤 강점을 지녔는지, 11가지 중 상위 3가지의 강점과 관련 있는 직업군을 알아봅니다.

1) 직업적성검사 실시하기

적성은 현재 내가 잘하고 있거나 앞으로 발전할 가능성이 높은 능력을 뜻합니

다. 이 검사를 통해서는 자신의 적성 영역과 그 영역과 관련 있는 직업에 대해 알 수 있습니다. 검사 결과는 성적이 아니고, 적성은 노력이나 경험에 따라 변할 수 있습니다. 또 적성만으로 직업이 결정되는 것은 아니니, 검사 결과는 참고 자료로 활용하세요.

❶ 커리어넷(www.career.go.kr) − 진로심리검사 − 중·고등학생용 − 직업적성검사

❷ 직업과 관련된 11가지의 능력에 대한 진단

2) 직업적성검사 결과 기록하기

여러분이 시행한 검사 결과지 2쪽의 직업적성영역별 결과(백분위)를 아래 표에 꺾은선그래프로 점수와 함께 표시하세요.

신체운동	손재능	공간지각	음악	창의력	언어	수리논리	자기성찰	대인관계	자연친화	예술시각

3. 자기의 일에 보람을 느끼는, 직업가치관

한국직업능력개발원이 운영하는 커리어넷과 고용노동부가 운영하는 워크넷의 무료 직업가치관검사를 통해 직업을 선택하는 다양한 가치 중에서 나는 어떤 것을 중요하게 여기는지 알아볼 수 있습니다. 직업에서 하는 일들이 나의 가치관에 맞을 때 그곳은 나에게 "수고함으로 즐거워하게 하신"(전 5:19) 현장이 되며 그 일을 통해 직업인으로서 보람을 느끼며 살아갈 수 있습니다.

1) 직업가치관검사 실시하기

이 검사는 직업을 선택할 때 여러분이 어떤 가치를 더 중요하게 여기는지를 알아보기 위한 것입니다. 직업가치관은 직업을 선택할 때 중요한 기준이 되며, 자신의 가치와 일치하는 직업을 가졌을 때 더 큰 만족감과 성취감을 느끼게 됩니다. 이 검사 결과는 여러분이 직업과 관련해 어떤 가치를 중요하게 여기는지를 이해하는 데 도움이 될 것입니다.

❶ 커리어넷 직업가치관검사
  - www.career.go.kr – 진로심리검사 – 중·고등학생용 – 직업가치관검사
  - 중학교 1–2학년 대상, 8가지 직업가치관의 검사와 해석, 약 10분 소요

❷ 워크넷 직업가치관검사(이 책에서 활용하는 검사)
  - www.work.go.kr – 직업·진로 – 직업심리검사 – 청소년 대상 심리검사 – 직업가치관검사

- 중학교 3학년 이상 대상(실제 시행 시 2학년 이상 가능), 13가지 직업가치관의 검사와 해석, 약 20분 소요

2) 직업가치관검사 결과 기록하기

직업가치관검사의 질문을 충분히 이해하고 답변할 수 있는 경우, 가급적 워크넷 검사를 추천합니다. 이 책에서는 두 가지 검사 중 워크넷 직업가치관검사를 활용합니다. 여러분이 시행한 검사 결과지 1쪽의 직업가치관 요인을 아래 표에 꺾은선그래프로 표시하세요.

	성취	봉사	개별 활동	직업 안정	변화 지향	몸과 마음의 여유	영향력 발휘	지식 추구	애국	자율	금전적 보상	인정	실내 활동
매우 높음													
높음													
보통													
낮음													
매우 낮음													

4. 나를 표현하는 문장 만들기

검사 결과들을 토대로 나를 표현하는 문장을 만들어 보세요. 흥미, 능력, 가치관 문장을 만들 때 해당 검사의 T 점수나 백분위 점수 등에서 높게 나온 상위 3가지 결과의 세부 내용을 읽어 보고, 자신과 잘 맞는 특징을 찾아 적용합니다.

1) '흥미' 문장 만들기

직업흥미검사(H) 결과에서 상위 3가지 흥미 유형 중 나를 가장 잘 나타내는 성격 특성을 유형별로 2가지씩 찾아 한 문장으로 정리합니다.

예) **나는** 탐구심이 많고 합리적이며(I), 예술에 소질이 있고 창의성이 높으며(A) 타인을 배려하고 돕는(S) **것을 좋아합니다.**

---

2) '능력' 문장 만들기

직업적성검사 결과에서 상위 3가지 능력(적성)을 찾아 점수와 함께 한 문장으로 정리합니다.

예) **나는** 언어(88), 창의력(86), 자기성찰(84)에 **강점이 있습니다.**

---

3) '가치관' 문장 만들기

워크넷의 직업가치관검사 결과에서 '높음' 이상의 가치(또는 커리어넷 직업가치관검사의 상위 3가지 가치)를 찾아 결과와 함께 한 문장으로 정리합니다.

예) **나는** 영향력을 발휘하고(매우 높음), 다른 사람에게 인정을 받고(매우 높음), 자율적으로 일할 수 있는(높음) 환경을 중요하게 **생각합니다.**

5. 배움을 넘는 기도

하나님이 은혜의 선물로 주신 나의 흥미, 능력, 가치관에 대해 알아보았습니다. 배움을 통해 어떤 마음이 들었나요? 자신에게 하고 싶은 이야기를 쓰거나 하나님께 드리고 싶은 이야기를 기도로 표현해 보세요. 여러분이 작성한 기도문으로 기도하고 배움을 마칩니다.

3장

사람과 문화 만나기

너희는 이 세대를 본받지 말고 오직 마음을 새롭게 함으로 변화를 받아 하나님의 선하시고 기뻐하시고 온전하신 뜻이 무엇인지 분별하도록 하라(롬 12:2).

좋은 나무마다 아름다운 열매를 맺고 못된 나무가 나쁜 열매를 맺나니 … 이러므로 그들의 열매로 그들을 알리라(마 7:17, 20).

고민 많은
크리스천 청소년을 위한
꿈 찾기 안내서

아는 만큼 보인다는 말이 있습니다. 그리고 보이면 관심을 갖게 됩니다.
관심(關心)이란 어떤 것에 마음이 끌려 주의를 기울인다는 말입니다.
나의 마음이 끌리는 그곳을 만나면 나의 삶도 달라집니다.
3장에서는 우리나라의 각종 직업을 9개 영역으로 분류했습니다.

1. 정치 · 법 · 공공
2. 경제 · 경영 · 금융
3. 교육
4. 인문 · 사회 · 언론
5. 문화 · 예술 · 스포츠
6. 사회복지 · 교회
7. 과학 · 공학 · 기술
8. 보건 · 의료
9. 자연 · 운송 · 서비스

9개 영역에서 선한 영향력을 주고 있는 다양한 사람과 문화와의 만남을 통해
마음속에 울림이 일어나고 관심이 가는 영역이 생길 것입니다.
하나님의 나라를 회복해 가는 사람들과 그 사람들이 만든 선한 문화를 통해
나는 어떤 사람이 되고 어떤 문화를 만들고 싶은지 생각하며
도전받는 시간이 되길 기대합니다.

3장의 활용법

2020년 5월에 게시된 한국고용정보원의 『한국직업사전』 통합본 5판에 따르면, 우리나라의 직업 수는 1만 2,823개, 직업명 수는 1만 6,891개에 달합니다. 이처럼 다양한 직업들을 분류하는 기준은 기관에 따라 조금씩 차이가 있는데 이 책에서는 고용노동부 '한국고용직업분류 2018'의 35개 중분류를 유사한 특성을 고려해 9개의 진로 영역으로 나누었고, 각 영역은 다음과 같습니다.

1. 정치 · 법 · 공공
2. 경제 · 경영 · 금융
3. 교육
4. 인문 · 사회 · 언론
5. 문화 · 예술 · 스포츠
6. 사회복지 · 교회
7. 과학 · 공학 · 기술
8. 보건 · 의료
9. 자연 · 운송 · 서비스

'3장 사람과 문화 만나기'는 9개의 진로 영역에서 하나님 나라를 회복시키며 하나님의 뜻을 그 영역에서 이루어 가는 다양한 사람과 문화를 만나는 시간입니다. 이 시간을 통해 나의 마음에 울림을 주고 눈길이 머무는 나 자신만의 영역을 만나게 될 것입니다.

각 영역의 롤 모델을 만난 후에는 제시된 질문들에 자신의 생각을 기록합니다. 이 질문들은 '어휘 정리'나 '한 줄 요약'과 같은 학습에 도움이 되는 질문과 '생각 정리'와 '배경지식 확장'과 같이 진학에 도움이 되는 질문으로 구성되었습니다. 이 외에 관심 영역을 좀 더 깊이 알아볼 수 있도록 '진로 탐색하기'와 같은 선택 활동을 제시했습니다.

1. **관심 별점**: 오늘 알게 된 영역에 대해 마음속 울림이 있거나 더 알고 싶은 생각이 드는지, 또는 내가 나중에 그 자리에 가면 행복하고 가슴 뛰는 삶을 살 것 같은지 생각해 보고 1–10점까지의 점수로 표현합니다.

2. **어휘 정리, 3. 한 줄 요약**: 수능과 시험에서 문제를 푸는 기본 능력은 독해에서 출발하며 독해력의 기본은 어휘력과 핵심을 요약할 수 있는 능력입니다. 배우는 동안 모르는 어휘나 개념을 기록하고, 마친 후에는 오늘 배운 내용을 한 줄로 요약해 봅니다.

4. **생각 정리**: 총 4개의 질문이 있습니다. 1–3번은 대학의 자기소개서와 면접에서 사용된 질문을 토대로 자신의 생각을 정리하도록 돕는 질문이며, 이 질문

을 통해 소개된 영역에 필요한 성품이나 가치관(직업윤리) 등을 생각하게 됩니다. 4번은 내가 만드는 질문으로, 친구들과 함께 토의하는 하브루타 형식의 질문입니다. 스스로 질문을 만들고 내 생각을 친구들과 나누는 훈련을 통해 생각의 근육이 단단해질 것입니다.

5. **배경지식 확장:** 선택 활동을 통해 더 알고 싶은 내용이나 개념을 정리합니다. 다양한 영역에 대한 배경지식의 확장은 수능이나 면접과 같은 상황에서 유용하게 활용됩니다.

6. **진로 탐색하기:** 관심 분야의 진로 탐색을 할 수 있는 선택 활동으로 배움과 관련된 롤 모델과 진로 미디어들을 제시합니다. 더 많은 자료는 선생님의 블로그(blog.naver.com/dlwjdgh9395)를 참고합니다.

7. **성경으로 바라보기:** 하나님이 만드신 각 영역을 창조, 타락, 구속의 관점에서 생각해 보며 죄로 무너진 영역이 회복되기를 바라는 마음으로 기도문을 작성하고, 그 기도문으로 기도합니다.

01

정치 · 법 · 공공

공동체를 조화롭고 질서 있게 가꾸기

9개의 진로 영역에서 하나님의 나라를 회복시키며 이 땅 가운데 하나님 나라를 이루어 가는 사람들과 문화를 소개합니다. 롤 모델을 만나는 이 시간이 마음에 울림을 주고, 눈길이 머무는 영역을 만나게 되길 소망합니다. 내 마음에 울림이 있는 바로 그곳이 어쩌면 하나님이 나에게 주신 하나님의 꿈일 수 있습니다.

1. 롤 모델과 만나기

1888년 한 소년이 일제강점기 조선에서 태어났습니다. 식민지 사람들이 겪는 온갖 차별을 겪고 조국의 독립을 위해 싸우는 사람들을 보며 자란 그 역시 의병으로 활동했습니다. 그러다가 일제의 토벌로 독립운동이 어려워지자 법률을 공부해 독립군들을 변호하고 이 지식을 조국의 독립을 위해 사용하기로 마음먹었습니다.

일본으로 건너가 메이지 대학과 니혼 대학에서 법학을 공부하고 고국으로 돌아온 그는 조선총독부에 의해 1919년 판사로 임용된 후에도 첫 마음을 잊지 않고 1년 뒤 법복을 벗었습니다. 변호사가 된 그는 일반 사건의 수임료로 안창호, 김상옥 의사와 같은 독립운동가와 광주학생운동과 같은 100여 건의 민족 항쟁 사건들을 무료로 변호하며 감옥에 갇힌 그들의 가족까지도 돌보았습니다.

1945년 8월 15일 일본의 패망으로 식민지 조선은 드디어 해방되었으나, 광복 후에도 "법학을 공부하려면 일제 육법전서가 필요하다"라는 말이 있을 만큼 일제의 잔재가 법률에 여전히 남아 있었습니다. 1946년 현 법무부 장관에 해당하는 사법부장에 취임한 그는 구시대적인 법률을 주권 국가에 맞는 법률로 제정하기 위해 법전편찬위원회 위원장으로 활동했습니다. 편찬위 활동 중 6·25전쟁이 터졌습니다. 다른 위원들이 납북당하거나 사망하고 그동안 만든 자료가 소실되는 어려움을 겪으면서도 그는 피난 중에 거의 혼자의 힘으로 민법·형법 등의 기본 법률을 만들며 대한민국 초기 사법부의 기초를 세웠습니다.

1948년 초대 대법원장으로 임명된 그는 때로는 대통령과 갈등을 빚으면서도 사법부의 독립을 위해 노력했으며, 특히 일제강점기 34년 11개월 동안 반민족행위를 한 친일 세력들의 청산을 위한 반민족행위특별조사위원회 위원으로도 활동했습니다. 친일 세력의 청산을 주장하는 그를 눈엣가시로 여긴 세력들은 1948년 반민특위 요인들과 함께 그를 암살하려고 모의했으나 암살자로 선택된 이의 자수로 인해 불발되었습니다.

1954년 초대 대통령의 연임을 허용하는 개헌 투표가 국회 재적 의원 203명의 3분의 2인 135.333명보다 부족한 135명의 찬성표를 받아 부결되었으나, 집권당인 자유당이 사사오입의 논리로 이틀 후 통과시키는 사건이 발생했습니다. 헌법개정안이 불법 통과되자 그는 "절차를 밟아 개정된 법률이라도 그 내용이 헌법 정신에 위배되면 국민은 입법부의 반성을 요구할 권리가 있다"며 대통령과 집권당을 강하게 비판했습니다.

1957년 대법원장 정년 퇴임식에서 그는 "법관이 국민으로부터 의심을 받게 된다면 최대의 명예 손상이 될 것이다. 법관은 최후까지 오직 정의의 변호사가 되어야 한다"고 말했습니다. 평생 사법부의 독립을 지키고자 살아왔던 그는 자신의 철학과 삶을 후배 법관들에게 퇴임사로 전한 것입니다.

정치권력에 영향받지 않는 사법 독립의 기초를 다지며 친일 세력의 청산을 위해 노력한 그의 호는 '가인'(街人, 거리의 사람)입니다. "일제에 빼앗긴 조국을 되찾기 전에는 나는 거리의 사람에 불과하다"며 '가인'을 자신의 호로 삼은 그는 대한민국 사법부의 기초를 세운 초대 대법원장 가인 김병로 선생님입니다.

가인 김병로

반민족행위특별조사위원회

두 번째 이야기는 1986년 군사정권 시절 세상을 뒤흔든 한 여학생의 폭로에서 시작합니다. 노동 운동을 하던 자신이 경찰서에 연행된 후 경찰관에게 성고문을 받았다는 내용이었습니다. 사건의 개요는 1985년으로 거슬러 갑니다.

대학 입학 후 노동 운동에 참여한 서울대 의류학과 학생 권인숙은 1985년 한 회사에 가명을 써서 위장 취업했습니다. 하지만 1년 후 위장 취업한 사실이 발각되어 경찰서로 연행되었고 그녀는 관련 사실을 모두 시인했습니다. 그러나 부천

경찰서 조사계 형사였던 문귀동은 1986년 서울과 인천의 재야·운동권이 모여 반미와 반독재를 주장한 시위(5·3인천사태)의 관련자 행방을 물으며 저항할 수 없는 상태의 여성을 상대로 추행하는 고문을 했습니다.

수치심에 괴로워하던 피해자는 딸에게 피해가 갈까 염려하던 가족의 강한 반대를 무릅쓰고 다른 여성들이 자신처럼 공권력에 의해 피해당하는 것을 막겠다고 결심하고 사건을 폭로했고, 1986년 7월 3일 문귀동을 강제 추행 혐의로 인천지검에 고소했습니다.

하지만 검찰은 같은 날 피해자를 공문서 및 사문서 변조, 문서 파손 등의 혐의로 구속 기소하고 가해자는 혐의가 인정되지 않는다며 불기소했습니다. 이렇게 되자 7월 4일 문귀동은 자신이 기독교 신자임을 강조하며 명예훼손 혐의로 피해자를 인천지검에 맞고소했습니다. 공안 당국은 7월 17일 수사 결과를 발표하며 피해자를 급진 좌파에다 성적도 불량한 가출자로 비하하고, 언론 역시 정부가 곤란하게끔 피해자가 성적 수치심까지도 정치적으로 이용한다는 기사를 작성했습니다. 후에 알려진 바에 의하면, 군사정권에서 언론을 담당한 문화공보부는 당시 부천경찰서 성고문 사건을 어떻게 취재하고 보도해야 하는지와 관련한 다음 지침을 각 언론 기관에 하달했습니다.

- 검찰 발표문 전문은 꼭 보도하며 검찰 조사 결과만 보도하고 공식 발표 외 독자적 취재·보도 불가
- 시중에 나도는 반체제 측 고소장 내용이나 한국기독교교회협의회(KNCC), 여성 단체 등의 사건 관계 성명은 일체 보도하지 말 것

피해자의 고소에도 불구하고 가해자에게 불기소 결정을 내린 검찰에 대항해 대

한변호사협회는 8월 25일 법원에 재정신청(검사의 불기소처분에 불복해 그 처분이 타당한지 판단을 법원에 신청하는 제도)을 냈습니다. 그러나 서울고등법원은 10월 31일 이를 기각했습니다. 그리고 가해자는 기소유예, 피해자는 유죄로 판결해 12월 1일 피해자에게 징역 1년 6개월을 선고했습니다. 이 선고에 대해 피해자의 변호사는 이렇게 이야기했습니다.

"아무리 뼈아프더라도 이 말을 들어 주십시오. 사법부는 그 사명을 스스로 포기한 것입니다."

그러나 거대 권력에 의해 조용히 묻힐 뻔한 이 사건은 끝까지 포기하지 않았던 변호사와 부당한 일에 맞선 많은 사람의 관심과 지지로 인해 결국 바로잡혔습니다. 1988년 가해자 문귀동이 구속되었고 징역 5년이 선고되었습니다.

많은 고민과 두려움에도 잘못을 세상에 알린 22세 학생과 1980년 5월 광주에서 수많은 시민을 학살한 서슬 퍼런 군사정권이 내린 잘못된 판결에 맞서 끝까지 피해자를 변호한 인권 변호사 조영래. 이들로 인해 군사정권 아래 경찰뿐 아니라 사법부와 언론사에도 만연했던 부도덕성이 밝혀졌고, 이 사건은 결과적으로 1980년대 민주화운동의 기폭제가 되었습니다.

조영래 변호사

유튜브 참고 영상
- "대법원장의 말(들)"(채널명: 지식채널e)
- "인물을 말하다_조영래 편"(채널명: 민주화운동기념사업회)

2. 성경으로 바라보기

죄가 세상에 들어온 이후 모든 영역은 타락했으며, 이것은 법의 영역도 마찬가지입니다. 앞서 소개한 세상에 선한 영향력을 끼친 사람들과 문화도 있지만, 반대의 경우도 적지 않습니다. 사법부의 독립을 훼손한 대법원장, '사채왕'으로 불리는 사채업자의 돈을 받고 그에게 힘을 실어 준 판사, 피의자에 대한 검찰 수사를 무마해 주고 뇌물을 받은 부장검사, 도박과 수많은 사람에게 고통을 준 금융사기 사건의 피고인들을 변호하며 100억을 챙긴 부장판사 출신 변호사 등 법의 영역에도 사람들의 타락으로 어두워진 모습들이 너무나 많이 있습니다. 그런 그들을 향해 가인 김병로 선생님은 이렇게 이야기했습니다.

"모든 사법 종사자에게 굶어 죽는 것은 영광이라 했다. 그것이 부정을 범하는 것보다 명예롭기 때문이다."

창세기 1장 31절, "하나님이 지으신 그 모든 것을 보시니 보시기에 심히 좋았더라"라는 하나님의 말씀은 법의 영역에서도 회복되어야 합니다. 이 땅의 재판관들을 향한 하나님의 말씀을 함께 읽어 봅시다.

> "재판관들에게 이르되 너희가 재판하는 것이 사람을 위하여 할 것인지 여호와를 위하여 할 것인지를 잘 살피라 너희가 재판할 때에 여호와께서 너희와 함께하심이니라 그런즉 너희는 여호와를 두려워하는 마음으로 삼가 행하라 우리의 하나님 여호와께서는 불의함도 없으시고 치우침도 없으시고 뇌물을 받는 일도 없으시니라 하니라"(대하 19:6-7).

❶ 관심 별점   ☆ ☆ ☆ ☆ ☆   (10점 기준)

❷ 어휘 정리

❸ 한 줄 요약

❹ 생각 정리

　1) 소개된 영역에서 배울 점과 느낀 점은 무엇인가요?

　2) 소개된 영역에는 어떤 성품이나 가치관(직업윤리)이 필요할까요? 왜 그렇게 생각하나요?

　3) 내가 주인공(또는 관련 인물)이라면 어떤 마음이 들었을까요? 그리고 어떻게 행동했을까요?

　4) 소개된 영역의 내용으로 친구들과 함께 생각할 질문 하나를 만들어 보세요.

❺ 배경지식 확장

　예) 대법관의 역할과 임명, 삼권분립, 한국의 법조삼성, 5·18민주화운동, 특검, 사법농단, 공수처 등

❻ 진로 탐색하기

　롤 모델:사람 처벌 대신 고통을 뉴욕의 시민들과 공감한 판사, 피오렐로 라과디아
　롤 모델:문화 교육에서 인종 분리를 철폐한 판결, '브라운 대 교육위원회'와 얼 워런
　진로 미디어:영화 "스파이 브릿지"(Bridge of Spies, 2015), 스티븐 스필버그, 12세 관람
　진로 미디어:도서 『한국 사법을 지킨 양심 김병로·최대교·김홍섭』, 법조삼성평전간행위원회, 일조각

❼ 성경으로 바라보기

　1) 하나님이 이 영역을 만드신 목적은 무엇일까요? 그리고 이 영역은 사람의 죄로 인해 어떻게 무너졌나요?

　2) 이 영역에서 무너진 곳이 다시 회복되어 하나님의 나라가 이루어지도록 기도해요.

02

경제 · 경영 · 금융

재화를 정직하게 생산하고 잘 소비하도록 돕기

1. 롤 모델과 만나기

많은 사람이 좋아하는 초콜릿, 그리고 그 원료가 되는 카카오 이야기로 시작합니다. 1492년 신대륙을 발견한 크리스토퍼 콜럼버스(Christopher Columbus)는 마지막 4차 항해인 1502년 스페인에 처음으로 카카오를 전했습니다. 하지만 카카오의 역사는 그보다 훨씬 앞선 약 4,000년 전으로 거슬러 올라갑니다.

현대의 금융 거래에 신용카드, 현금 등을 사용하듯 고대 중앙아메리카에서는 카카오를 화폐로 사용했는데, 기록을 보면 당시에 카카오 콩 10알은 토끼 한 마리, 100알은 노예 한 명을 살 수 있는 가치를 지녔습니다. 차갑고 쓴 카카오 음료를 즐기던 원주민과 달리 스페인 귀족들은 설탕으로 단맛을 내어 따뜻하게 마시기 시작했고, 달콤한 이 음료는 이후 유럽 전역으로 전파되어 그들의 입맛에 맞게 다양한 레시피로 가공되었습니다. 그리고 1876년 스위스에서는 지금의 밀크 초콜릿과 비슷한 초콜릿이 등장했습니다.

카카오와 초콜릿을 주로 소비하는 국가는 유럽과 미국이지만 전체 카카오의 70%는 아프리카에서 생산되며, 이 중 작은 농장들에서 생산하는 수량이 전체의 약 90%에 달합니다. 하지만 소규모 생산으로 인해 생산자는 유통과 제조를 담당하는 다국적기업과 달리 카카오 가격을 결정할 수 없습니다. 즉 거대 기업이 농장주에게 얼마를 남겨 줄 것인지 가격을 결정하는 힘을 갖는 것입니다. 한 예로, 초콜릿이 소비자에게 1달러에 팔리면 대부분의 이윤은 유통 및 생산 회사가 가져가고 농부의 수익은 5센트에 불과합니다.

농장에 주어지는 낮은 수익은 농장주보다 가난한 노동자에게 더 큰 영향을 미칩니다. 낮은 이윤을 가지고 농장주가 자신의 이익을 먼저 챙기면 노동자에게 줄 돈은 더욱 줄어듭니다. 그래서 카카오 농장은 저임금으로 일할 수 있는 값싼 노동력이 필요한 구조가 됩니다. 카카오 콩을 수확할 때는 마체테(정글도)와 같은 위험한 도구를 사용합니다. 따라서 상대적으로 안전하게 작업할 수 있는 성인 남성이 적합하나, 그들은 농장주가 값싼 임금으로 마음껏 부리기가 어렵습니다. 그래서 농장주는 말을 잘 듣고 임금도 싼 미성년 노동자를 선호합니다.

미국 툴레인대 연구진의 2015년 발표에 따르면, 가나와 코트디부아르의 카카오 수확에 5-17세 어린이 약 200만 명이 노동자로 동원되며 이들 대부분은 가난한 집에서 값싸게 팔려 오고, 1달러가 안 되는 임금을 받으며 아무런 안전 장비 없이 커다란 칼과 전기톱을 가지고 하루 12시간 이상 노동에 시달립니다. 아이러니하게, 카카오 농장에서 일하는 어린 노동자들의 대부분은 초콜릿을 먹어 본 적이 없으며, 심지어 자신들이 수확하는 카카오가 달콤한 초콜릿이 된다는 사실조차 모르는 경우가 적지 않습니다.

한편 유럽에 카카오를 전한 콜럼버스는 이보다 앞선 1493년 2차 항해에서는 사탕수수를 신대륙에 전했습니다. 콜럼버스와 함께 온 유럽인들은 카리브해의 이

스파뇰라섬(현 아이티)에서 아이티인과 흑인 노예들로 사탕수수를 재배하기 시작했습니다. 이후 쓴 차나 초콜릿 등에 단맛을 내기 위해 유럽에서 설탕 수요가 증가하자 중동과 인도 등에서 설탕을 비싸게 수입하던 유럽은 대규모 사탕수수 재배를 통해 직접 설탕을 생산하기로 결정했습니다. 사탕수수 농사는 적당한 기후, 비옥한 토양, 그리고 많은 노동력이 필요한데, 유럽인들은 아프리카에서 흑인들을 납치해 노예로 만든 후 식민지인 서인도제도(현 카리브 지역)에서 노동을 시키는 것으로 이 문제를 해결했습니다. 당시 사탕수수 농장에 팔려 간 노예(총 900만 명 추정)의 평균 수명은 7년이었으며, 그들이 유럽인들을 위해 설탕 1톤을 생산할 때 평균 1명이 사망했다는 기록이 있을 만큼 노예들은 심각한 중노동과 비참한 대우에 고통받았습니다.

반면, 노예를 통한 노동력 착취에 반대하는 이들도 있었습니다. 18세기 영국의 윌리엄 윌버포스(William Wilberforce)와 같은 양심 있는 그리스도인들은 고통받는 노예들의 호소에 귀를 기울였습니다. 그들로 인해 "Am I Not A Man And A Brother?"(저는 사람이 아니고 형제가 아닙니까?)라는 문구가 적힌 배지를 다는 최초의 윤리적 소비 운동이 일어났습니다. 이 운동은 노예들이 서인도제도에서 만든 설탕의 판매는 3분의 1로 줄고, 노예가 생산하지 않는 동인도산의 판매는 10배가 많아지는 등 노예 제도에 대한 시민과 사회의 의식에 큰 영향을 미쳤습니다.

윌리엄 윌버포스와 같은 그리스도인들의 노력과 함께 윤리적 소비 운동의 영향으로 1807년 영국에서 노예 무역이 폐지되었고, 마침내 1833년 영연방 전체에서 세계 최초로 노예 제도가 폐지되었습니다.

19세기의 윤리적 소비 운동은 20세기 중반에 들어 공정무역(기업의 이윤 극대화로 적정한 생산 이윤을 받지 못하는 생산자·노동자를 보호하는 대안적 형태의 무역) 운동으로 발전했고, 1997년에는 21개국의 연합으로 공정무역의 기준, 원칙, 라벨 등을 다루는 국제공정무역인증기구(FLO, Fairtrade Labelling Organization)가 창설되었으며, 2002년에는 공정무역마크제도가 시행되었습니다.

공정무역으로 생산되고 유통되었음을 인증하는 다양한 공정무역 기관의 인증 마크들이 있는데, 가장 많이 알려진 마크는 FLO가 등록한 'FAIRTRADE' 마크입니다. 2020년 글로브스캔의 조사에 따르면, 세계 15개국 소비자 중 57%가 공정무역 마크가 있는 매장, 카페 등을 선호한다고 답했으며, 현재는 3만 2,000개 이상의 제품이 72개국 180만 명의 노동자와 농부에 의해 생산됩니다.

다시 처음의 초콜릿 이야기로 돌아가겠습니다. 현재 초콜릿 시장은 허쉬, 네슬레와 같은 다국적기업들이 수익의 약 80%를 가져가고 생산자는 약 5%를 받는 구조입니다. 그런데 한국공정무역연합의 발표에 따르면, 공정무역으로 소비(초콜릿 포함)하는 거래가 1% 늘어나면 전 세계에서 약 1억 2,800만 명의 사람들이 빈곤에서 벗어날 수 있다고 합니다. 어느 기사에서 본 멕시코 커피 농장에서 일하는 농부의 외침이 기억에 남습니다.

"우리는 거지가 아닙니다. 우리에게 원조하지 않아도 됩니다. 다만, 우리 수고의 대가를 정당하게 지불하세요."

유튜브 참고 영상
- "Beyond the learning_초콜릿 감옥_중3 사회"(채널명: EBS Learning)
- "12. 더불어 사는 세계-윤리적인 소비 공정무역"(채널명: 클래스로그)

2. 성경으로 바라보기

2013년 4월 24일, 따뜻한 봄날의 방글라데시에서 세계 최악의 건물 붕괴 사고가 발생했습니다. 수도 다카의 9층짜리 의류 공장 라나플라자에서 노동자들이 일하던 중 건물이 순식간에 무너지며 노동자 1,143명이 사망하고 약 2,500명이 다치거나 실종되었습니다.

피해자의 대부분은 여성과 소녀 노동자들로서 값싼 노동력과 관련이 있는데, 이들은 하루에 16시간 이상의 노동을 하며 월 4만 원 정도의 임금을 받았습니다. 사고의 원인은 여당의 간부였던 건물주가 기준 이하의 불량 자재로 건축한 4층짜리 건물에 4개 층을 불법으로 증축한 후 거기에 1개 층을 더 증축하려고 무리하게 공사했던 것이었습니다. 사고 며칠 전 건물이 흔들리는 등 붕괴 조짐이 나타나자 건물 내 상가 직원들은 위험하다고 출근하지 않았으나, 건물주와 의류 회사의 공장주들은 노동자들에게 안전하기에 출근하지 않으면 해고하겠다고 협박해 반강제적으로 출근을 시켰습니다. 생계를 위해 어쩔 수 없이 노동자들이 나와서 막 일하기 시작한 오전 8시 45분, 9층짜리 건물은 힘없이 무너졌습니다.

안타까운 사고에 속상한 사실이 하나 숨어 있습니다. 사고가 난 의류 공장들에 하청을 준 선진국의 유명 의류 업체들은 자신들의 제품을 저임금과 고강도의 노동으로 만들다 수많은 노동자가 희생된 사건 초기에는 별 반응을 하지 않았습니다. 하지만 나중에 소식을 접하고 분노한 유럽 소비자들의 불매 운동이 일어나자 그제야 '방글라데시 화재 및 건물 안전 협약'을 맺어 의류 공장 노동자들의 안전과 복지에 더 신경을 쓰겠다고 발표했습니다. 그나마 PRIMARK, H&M, ZARA 등의 유럽 업체들은 소비자들을 의식해 협약에 가입했으나 UNIQLO, GAP, Walmart 같은 일본, 미국 업체들은 여러 이유로 협약의 가입을 미루어 비난을 받았습니다.

창세기 1장 31절, "하나님이 지으신 그 모든 것을 보시니 보시기에 심히 좋았더라"라는 하나님의 말씀은 경제·경영·금융의 영역에서도 회복되어야 합니다.

이 땅의 경제인들과 경영인들을 향한 하나님의 말씀을 함께 읽어 봅시다.

"돈을 사랑함이 일만 악의 뿌리가 되나니 이것을 탐내는 자들은 미혹을 받아 믿음에서 떠나 많은 근심으로써 자기를 찔렀도다 … 부한 자들을 명하여 마음을 높이지 말고 … 재물에 소망을 두지 말고 오직 … 하나님께 두며 선을 행하고 선한 사업을 많이 하고 나누어 주기를 좋아하며 너그러운 자가 되게 하라 이것이 장래에 자기를 위하여 좋은 터를 쌓아 참된 생명을 취하는 것이니라"(딤전 6:10, 17-19).

❶ 관심 별점   ☆ ☆ ☆ ☆ ☆   (10점 기준)

❷ 어휘 정리

❸ 한 줄 요약

❹ 생각 정리

　1) 소개된 영역에서 배울 점과 느낀 점은 무엇인가요?

　2) 소개된 영역에는 어떤 성품이나 가치관(직업윤리)이 필요할까요? 왜 그렇게 생각하나요?

　3) 내가 주인공(또는 관련 인물)이라면 어떤 마음이 들었을까요? 그리고 어떻게 행동했을까요?

　4) 소개된 영역의 내용으로 친구들과 함께 생각할 질문 하나를 만들어 보세요.

❺ 배경지식 확장

　예) 서인도제도와 동인도제도, 막스 하벨라르, 러그마크 재단, 하킨-엥겔 협약, 패션 혁명, ESG 경영 등

❻ 진로 탐색하기

　롤 모델:사람 경제학자의 양심으로 불리는 빈곤 경제학의 선구자, 아마르티아 센
　롤 모델:문화 커피를 마실 때 물이 필요한 사람에게 깨끗한 물이 제공되는, 탐스로스팅
　진로 미디어:다큐 "자본주의", EBS 다큐프라임
　진로 미디어:도서 「가난한 사람들을 위한 은행가」, 무하마드 유누스, 세상사람들의책

❼ 성경으로 바라보기

　1) 하나님이 이 영역을 만드신 목적은 무엇일까요? 그리고 이 영역은 사람의 죄로 인해 어떻게 무너졌나요?

　2) 이 영역에서 무너진 곳이 다시 회복되어 하나님의 나라가 이루어지도록 기도해요.

사람과 문화
만나기
활동 노트

03

교육

지식과 기술을 올바로 가르치고 인격을 기른다

1. 롤 모델과 만나기

1900년대 유럽과 미국은 2차 산업혁명으로 인한 대량 생산으로 경제와 산업이 급속도로 발달했습니다. 18세기 1차 산업혁명을 통해 농업에서 산업사회로 중심축을 이동한 서구 사회는 19세기 들어 자본가의 영향력이 더 커지며 대기업 중심의 성장으로 중심축을 다시 이동했습니다.

산업화에 따른 급격한 성장으로 많은 공장이 증설되며 더 많은 노동자가 필요하게 될 때 기업은 값싸고 다루기 쉬운 어린이에게 눈을 돌렸습니다. 당시 기록을 보면, 영국은 6세 아동에게도 노동을 시켰으며, 이를 비판한 독일의 황제 빌헬름 2세(Wilhelm II)가 아동 노동의 나이를 14세 이상으로 제한하고 16세 이하는 1일 10시간 이하의 노동만 가능하게 입법할 만큼 어린이는 생산성 향상을 위한 값싼 도구에 불과했습니다.

미국 사진작가 루이스 하인(Lewis Wickes Hine)이 1900년대 아동 노동 현장을 찍은 사진을 보면, 생선 통조림 공장에서 굴 껍질을 제거하는 차갑고 무표정한 얼굴의

6세, 10세 소녀들과 냉소적인 모습으로 담배를 피우는 어린 신문 배달원들의 모습이 담겨 있습니다. "키 작은 소년 모집"이라고 적힌 뉴욕의 구인광고판과 탄광에서 하루에 10시간씩 일하는 소년들과 막대기를 들고 서 있는 성인 관리자가 함께 찍힌 사진에는 당시 어린이에 대한 사회의 낮은 인식과 이를 안타깝게 바라본 작가의 마음이 담겨 있습니다.

아이들과 함께 있는 코르착

이보다 조금 앞선 1878년 폴란드의 한 유대인 가정에서 저명한 의사이자 교육자, 아동 문학 작가로서 어린이 교육의 아버지로 불리게 되는 야누슈 코르착(Janusz Korczak)이 태어났습니다. 바르샤바 대학에서 의학을 공부해 소아과 의사가 된 그는 1904년 발발한 소련과 일본의 전쟁에 군의관으로 참전해 전쟁으로 인해 부모를 잃고 고통받는 아이들을 보게 되었습니다. 전쟁 후 부모의 손을 잡고 병원에 온 아이들을 치료하면서, 그의 눈은 전쟁고아가 되어 몸이 아파도 병원에 오지 못하는 가난한 아이들에게 점점 향했습니다.

고민을 하다가 1911년 병원을 그만둔 그는 고아원을 설립했습니다. 부모를 잃은 후 세상을 믿지 않게 된 고아들이 "선생님도 언젠가 우리를 떠날 거잖아요"라고 말해도, 그는 부모가 자식에게 그러하듯 묵묵히 아이들을 사랑하고 돌보았습니다. 그리고 사회에서 존중받지 못하며 살아왔던 아이들을 위해 어린이에 의해 운영되는 작은 어린이 공화국을 고아원 안에 만들었습니다. 이 공화국은 어린이들이 법을 만드는 의회와 그렇게 입법된 법을 구현하는 법원을 가지고 있었으며, 아이들이 잘못할 때는 교사가 혼내고 벌주는 것이 아니라 아이 스스로 잘못을 깨닫고 고치도록 법정을 운영했습니다.

어린이 공화국의 법정에서 아이들은 문제가 있다고 생각되는 경우 선생님도 소환할 수 있었으며, 심지어 코르착도 여섯 차례나 소환되었습니다. 아이들을 그저 값싼 노동력으로 생각했던 산업화 시기에 어린이에 대한 존중을 원칙으로, 아이들을 사랑하며 지도했던 그의 방식은 고아들의 마음을 열고 한 가족이 되게 했습니다. 아이들에게 민주적인 원칙을 가르쳐 주고 직접 행동으로 보여 준 코르착을 통해, 훗날 고아원의 한 아이는 이렇게 이야기했습니다.

"만약 내가 고아원에 오지 않았다면 이 세상에 공평한 규칙이 있다는 것을 몰랐을 거예요."

아이들과 행복하게 지내던 1939년 2차 세계대전이 발발했습니다. 폴란드를 침공한 독일은 1942년 폴란드에서 유대인들을 게토(유대인들의 강제 격리 구역)로 이주시킨 후 홀로코스트로 알려진 유대인 절멸 계획을 시작했습니다. 아이들을 위해 함께 게토로 이주한 코르착은 매일 수천의 유대인들이 기차에 태워져 수용소의 가스실로 끌려가 죽임당하는 상황에서도 변함없이 아이들과 함께하며 그들을 돌보았습니다.

마침내 독일군이 게토의 모든 아동 시설마저 폐쇄하고 아이들도 가스실로 압송한다는 소식을 접한 그는 자녀를 치료하며 알게 된 독일군 장교에게 도움을 요청했습니다. 장교는 독일군이 고아원에 갈 예정일을 알려 주며 아이들을 포기하고 그곳을 피하라고 귀띔하지만, 코르착은 이를 거절했습니다. 마침내 운명의 날은 다가왔고, 고아원에 진입한 독일군에게 그는 준비할 잠시의 시간을 요청하며 다음과 같이 말했습니다.

"줄을 서서 갈 테니 아이들이 놀라거나 겁에 질리지 않도록 군인들이 밀지 않도록 해 주십시오."

영화 "코르착"(Korczak, 1990)의 한 장면

아이들이 놀라지 않도록 소풍 간다며 안심시키고 가장 좋은 옷을 입히며 좋아하는 장난감을 챙기도록 한 코르착과 선생님들은 아이들의 손을 잡고 노래를 부르며 바르샤바역으로 행진했습니다. 수용소로 끌려가는 죄수의 모습이 아닌, 마치 소풍 가는 듯한 이 행진은 훗날 사람들에 의해 '천사들의 행진'으로 불렸습니다. 당시 상황을 목격한 메리 버그는 일기에 다음과 같이 기록을 남겼습니다.

"야누슈 코르착 박사의 어린이집은 현재 비어 있습니다. 며칠 전 우리는 창가에 서서 독일군들이 집을 둘러싸고 있는 것을 봤습니다. 작은 손으로 서로를 잡고 줄을 선 아이들이 문을 나섰는데 2-3살의 작은 꼬마들도 있었고, 가장 나이가 많은 꼬마들은 아마도 13살이었을 것입니다. 각 어린이는 손에 작은 꾸러미를 들고 있었습니다."

바르샤바역의 트레블링카 절멸 수용소행 기차 앞에서 코르착이 폴란드의 유명 인사인 것을 안 독일군 장교가 탑승하지 말라고 말하지만, 코르착은 "당신은 위험에 처한 당신의 아이를 버릴 수 있습니까?"라고 말하며 무장한 군인들 앞에서 두려워하는 아이들을 안으며 이렇게 이야기했습니다.

"선생님들은 끝까지 너희와 함께 있을 거야."

73만의 유대인을 학살한 트레블링카 수용소로 가는 기차 안에서 192명의 아이들과 코르착을 비롯한 10여 명의 선생님들은 아이들이 좋아하는 노래를 함께 불렀습니다. 수용소에 도착한 후 의사로서 그의 뛰어난 재능을 높이 산 독일군이 코르착에게 죽음을 피할 방안을 다시 한번 제안했지만 그는 거절했고, 사랑하는 아이들과 함께 가스실로 들어갔습니다.

코르착의 조국 폴란드는 1979년 그의 저서에 담긴 아동의 권리와 인권에 대한 글을 기초로 세계아동권리협약 초안을 만들었고, UN은 코르착 탄생 100주년을 기념하며 1979년을 야누슈 코르착의 해이자 세계아동의해로 선포했습니다. 폴란드의 초안을 토대로 만들어진 UN 아동권리협약은 1989년 UN 총회에서 만장일치로 채택되었고, 대한민국은 1991년 11월 20일, 북한은 1990년 9월 21일 각각 비준했습니다.

사랑하는 엄마, 아빠와 헤어진 후 세상을 두려움의 눈빛으로 보며 상처받았을 아이들이 부모처럼 믿고 내민 작은 손들을 만약 코르착과 선생님들이 뿌리치고 떠났다면 아이들은 다시 한번 버림받은 슬픔과 공포, 두려움의 눈으로 죽음을 맞이했을 것입니다. 하지만 코르착과 선생님들이 끝까지 아이들과 함께했기에 어쩌면 아이들은 자신들을 위해 생명을 건 선생님들의 기도 소리를 들으며 서로의 손을 잡고 마지막 순간을 맞이하지 않았을까 생각해 봅니다. 개인적으로 저의 롤모델인 야누슈 코르착이라는 필명을 가진 헨리크 골드슈미트(Henryk Goldszmit)를 소개하게 되어 더 감사하고, 저 자신도 어떤 교사로 살아야 할지 스스로를 돌아보는 시간이 되었습니다.

유튜브 참고 영상
- "차별받지 않는 평범한 어린이가 되고 싶어요"(채널명: UNICEF KOREA)
- "지식채널e 어린이를 사랑하는 법"

2. 성경으로 바라보기

죄가 세상에 들어온 이후 모든 영역은 타락했으며, 이것은 교육 영역도 마찬가지입니다. 앞서 소개한 야누슈 코르착과 같은 이도 있지만, 반대의 경우도 적지 않습니다. 아직 말과 행동이 서툰 어린이를 학대하는 어린이집 교사, 돈을 받고 시험 문제를 유출하며 입시를 위해 허위 생활기록부를 작성한 교사, 제자들이 받은 상금과 연구비를 가로채거나 성추행하는 교수 등. 학생들을 만나는 교사의 입장에서 정말 듣고 싶지 않은 속상한 뉴스입니다.

창세기 1장 31절, "하나님이 지으신 그 모든 것을 보시니 보시기에 심히 좋았더라"라는 하나님의 말씀은 교육의 영역에서도 회복되어야 합니다. 이 땅의 교육자들을 향한 하나님의 말씀을 함께 읽어 봅시다.

"예수께서 앉으사 … 어린아이 하나를 데려다가 그들 가운데 세우시고 안으시며 제자들에게 이르시되 누구든지 내 이름으로 이런 어린아이 하나를 영접하면 곧 나를 영접함이요 누구든지 나를 영접하면 나를 영접함이 아니요 나를 보내신 이를 영접함이니라"(막 9:35-37).

"네가 … 하나님을 자랑하며 … 어리석은 자의 교사요 어린아이의 선생이라고 스스로 믿으니 그러면 다른 사람을 가르치는 네가 네 자신은 가르치지 아니하느냐 도둑질하지 말라 선포하는 네가 도둑질하느냐"(롬 2:17-21).

❶ 관심 별점   ☆ ☆ ☆ ☆ ☆   (10점 기준)

❷ 어휘 정리

❸ 한 줄 요약

❹ 생각 정리

    1) 소개된 영역에서 배울 점과 느낀 점은 무엇인가요?

    2) 소개된 영역에는 어떤 성품이나 가치관(직업윤리)이 필요할까요? 왜 그렇게 생각하나요?

    3) 내가 주인공(또는 관련 인물)이라면 어떤 마음이 들었을까요? 그리고 어떻게 행동했을까요?

    4) 소개된 영역의 내용으로 친구들과 함께 생각할 질문 하나를 만들어 보세요.

❺ 배경지식 확장

    예) 2차 세계대전, 유대인 절멸 계획, UN 아동권리협약, UNISEF, 소파 방정환, 색동회와 어린이 등

❻ 진로 탐색하기

    롤 모델:사람 학교폭력의 90%를 사라지게 한 공감의 뿌리 교육, 메리 고든

    롤 모델:문화 어린이들에게 교육을 선물하는 연필 한 자루, 약속의 연필

    진로 미디어:영화 "코르작"(Korczak, 1990), 안제이 바이다, 전체 관람

    진로 미디어:도서 『야누슈 코르착의 아이들』, 야누슈 코르착, 양철북

❼ 성경으로 바라보기

    1) 하나님이 이 영역을 만드신 목적은 무엇일까요? 그리고 이 영역은 사람의 죄로 인해 어떻게 무너졌나요?

    2) 이 영역에서 무너진 곳이 다시 회복되어 하나님의 나라가 이루어지도록 기도해요.

인문 · 사회 · 언론

앞장서 문화를 이끌고 거짓 없이 소식을 전한다

1. 롤 모델과 만나기

영어 공부를 하며 'spotlight'라는 단어를 들어 본 적 있나요? 사전적 의미로는 극장 무대의 한 부분이나 한 인물만을 특히 밝게 비추는 조명을 말하는데, 주로 세상 사람의 관심 등을 비유하거나 매스컴의 주목을 받을 때 사용하곤 합니다. 인문 · 사회 · 언론 영역에서 세상을 바꾼 첫 문화는 바로 '스포트라이트'라는 단어와 관련이 있습니다.

2001년 미국 3대 일간지로 꼽히는 「보스턴글로브」(The Boston Globe)의 신임 편집국장은 보스턴 교구의 아동 80여 명이 한 신부에게 성추행을 당한 사건을 탐사보도팀에게 취재하도록 지시합니다. 이 팀은 사건을 파악하며 범죄가 오랜 기간 이루어졌고, 신부가 이러한 범죄를 저지른 것은 가톨릭 고위층의 묵인이 있었기에 가능했을 것으로 생각합니다.

하지만 주민의 절반이 가톨릭 신자인 보스턴에서 오랫동안 어려운 이들을 돕는 좋은 이미지로 지역 유력인사들과 일종의 카르텔을 형성한 가톨릭을 대상으로 하는 성범죄 보호 의혹의 취재에 관련자들은 냉담한 태도를 보입니다. 심지어 취재 중 만난 한 피해자는 "내가 성범죄자 신부 13명을 5년 전 당신 언론사에 제보했는데 당신들이 덮었다"고 분노하며 언론에 대한 강한 불신을 나타냅니다.

어렵게 피해자를 통해 알게 된 전직 사제이자 심리연구가는 아동 성범죄가 가톨릭의 집단적 현상이며 전체 신부의 약 6%가 연루되었음을 알려 줍니다. 이에 탐사보도팀은 이 6% 룰을 기초로 보스턴 교구의 사제 1,500명 중 성범죄를 저지른 신부를 90명으로 추정 후 사실을 확인할 방법을 찾습니다. 그러던 중 가톨릭에서 발행하는 신부들의 인사이동 책자에 주목합니다. 이 책에는 신부들이 언제, 어떤 이유로 교구를 이동했는지가 기록되어 있는데, 이미 성범죄를 저지른 것으로 알려진 신부들의 이동 사유에는 '병가', '미배정'과 같은 일정 패턴이 있음을 확인합니다. 팀은 이 패턴을 토대로 성범죄를 저지른 신부 70명을 파악했고, 이 패턴은 가톨릭교회가 성직자들의 성범죄를 알았을 뿐 아니라 조직적으로 보호했다는 중요한 증거가 됩니다.

한편 기자들은 피해자들과 과거 그들을 담당했던 변호사들을 취재하며 "당신들이 덮었다"며 분노했던 피해자의 외침이 사실이었고, 성범죄와 관련되어 가톨릭뿐 아니라 경찰과 학교 등도 침묵했으며, 자신들이 소속된 언론사 역시 과거에 이 사건을 덮는 데 한 역할을 했음을 알게 됩니다.

정신분석학에서 영혼의 살인으로 부르는 아동 성범죄를 당한 최소 1,000명이 넘는 피해자 중 적지 않은 이가 끔찍한 고통을 잊기 위해 약물에 빠지거나 자살로 생을 마감했다는 사실을 알게 된 기자들은 만약 이 사건을 좀 더 일찍 보도했다면 또 다른 피해자를 막을 수 있었을 것이라며 괴로워합니다.

탐사보도팀은 가톨릭교회의 갖은 회유와 방해에도 불구하고 1년간의 취재 끝에 결국 최고위직인 보스턴 교구의 추기경이 이 사실을 알면서도 범죄자인 신부들을 보호했다는 증거 문서를 입수합니다. 그리고 신부들의 성범죄와 이를 은폐한 가톨릭의 조직적인 범죄를 고발하는 기사를 보도합니다. 기사가 나가자 신문사에는 가톨릭 신자들의 항의가 쇄도하고 가톨릭교회 역시 강하게 반발합니다. 하지만 이후 600건의 후속 기사가 보도되며 여론도 바뀌고, 마침내 이 취재로 인해 보스턴 대교구의 성직자 249명이 법정에 서게 됩니다.

당시 가톨릭 수장인 교황 요한 바오로 2세는 죄를 저지른 성직자들을 '악의 미스터리'로 비난하고 미국의 다른 지역과 호주, 독일 등에서도 사제들의 아동 성추행을 고발하는 언론사의 기사가 빗발칩니다. 이후 미 전역에서 가톨릭 사제에 의해 일어난 성범죄에 대한 조사가 이어집니다. 1950년부터 파악된 성범죄 피해자가 약 1만 7,000명, 고발된 사제는 약 7,000명, 2018년까지 피해 보상금 약 30억 달러(한화 3조 4,000억)가 지급되며 20개의 가톨릭 교구가 파산합니다.

2002년에 이 사실을 보도한 「보스턴글로브」의 탐사보도팀 '스포트라이트'는 2003년 퓰리처상을 수상하고 이 사건은 2015년 마크 러팔로, 마이클 키튼, 레이첼 맥아담스 등의 배우가 열연한 영화 "스포트라이트"로 개봉되어 2016년 아카데미 각본상과 최우수 작품상을 수상합니다.

두 번째는 사회적 이슈를 담은 대중문화지인 「빅이슈」(The Big Issue)에 관한 이야기입니다. 1991년 영국의 친환경 기업인 더바디샵(The Body Shop)의 창업자 어니타 로딕의 남편 고든 로딕은 존 버드와 함께 잡지 「빅이슈」를 창간했습니다. 영국 거리에 늘어나는 홈리스(Homeless, 주거 취약 계층) 문제를 지속 가능한 사회적 거래 등의 방법으로 해결해, '누구도 노숙하지 않을 수 있는 세상'을 만들기 위해서였습니다. 「빅이슈」는 홈리스에게 잡지를 판매할 권한을 주어, 그들이 구걸이 아닌 노동으로 수입을 얻고 자존감을 회복하여 건강한 사회 구성원으로 돌아오도록 돕습니다.

잡지 「빅이슈」 ⓒ 빅이슈코리아

「빅이슈」의 이러한 철학에 많은 사람의 마음이 움직여, 어떤 이들은 기사 작성과 편집, 사진 촬영과 디자인 등으로 재능을 기부했습니다. 베네딕트 컴버배치, 로버트 다우니 주니어, 폴 매카트니 같은 유명인들이 잡지의 표지모델로 재능기부에 참여했고, 「빅이슈」 한국판에도 아이유, 이효리, 원더걸스, 김세정, 여진구, 임시완 등 유명 스타들이 표지모델로 참여했습니다. 「빅이슈」는 양질의 기사와 선한 목적을 가진 잡지로서 사회적으로 이슈화되었고, 사회적 가치를 담은 대중문화 잡지로서 한국 사회에 애독자층을 형성했습니다.

「빅이슈」는 전 세계 6개국에서 8종이 발행되고 있으며, 「빅이슈」에 영감을 얻어 시작된 '스트리트 페이퍼'(street paper, 홈리스 지원을 위해 발행되는 잡지나 신문)는 35개국 120개 종이 있습니다. 2010년 창간된 「빅이슈」 한국판은 빅이슈 판매원('빅판')에 도전한 홈리스가 주거 빈곤 상황에서 벗어나 안정적인 보금자리를 마련할 수 있도록 주거 복지 사업도 운영하고 있습니다. 또한 청소년 홈리스에게 축구 국가대표로서 홈리스 월드컵(Homeless World Cup)에 출전할 기회를 제공하는 등 다양한 방법으로 지원 활동을 하고 있습니다.

지난 11년간 홈리스 542명이 '빅판'으로 활동해 50억 원 이상의 수익을 올렸습니다. 이들 중 46명은 임대주택에 입주했고, 더 많은 이들이 주거 상향을 이루었으며, 53명은 재취업해 지역 사회에 정착했습니다. 2,000명 이상의 참여자가 재능기부로 잡지 제작을 도왔고, 9,000명 이상의 빅이슈 판매원 판매 도우미('빅돔')가 빅판이 잡지를 판매할 때 그 옆에서 용기와 힘을 불어넣었습니다. 이 빅돔 자원봉사에는 청소년들도 많이 참여하고 있습니다.

이러한 봉사 활동에 관심 있는 학생들은 빅이슈코리아 홈페이지(bigissue.kr)의 '빅이슈 서포터즈' 메뉴에서 '빅이슈 판매 도우미'를 참고하거나 선생님 블로그에서 인문·사회·언론 분야의 봉사 활동을 참고하세요.

유튜브 참고 영상
- "스포트라이트 메인 예고편"
- "세상을 바꾸는 빅이슈"(채널명: 아이디어 고릴라)

2. 성경으로 바라보기

죄가 세상에 들어온 이후 모든 영역은 타락했으며, 이것은 언론의 영역도 마찬가지입니다. 앞서 소개한 세상에 선한 영향력을 끼친 사람과 문화도 있지만 반대의 경우도 적지 않습니다. 지금도 인터넷에는 '황색언론'(Yellow Journalism, 독자의 시선을 끌기 위해서 범죄나 성 추문 등을 과도하게 취재 및 보도하는 저널리즘)으로 불리는 선정적이고 자극적인 뉴스들이 넘쳐 납니다.

20대 무명 여배우의 갑작스러운 죽음에 관한 말초적인 호기심을 자극하는 기사, 2020년 독감 백신 접종 후 전국에서 수십 명의 사망자가 발생했다며 백신에 대한 두려움을 키우고 접종 중단을 주장한 기사(기사의 여파로 무료 독감 백신 접종률이 전년보다 9.1% 하락했지만 질병관리청은 사례 조사 후 독감 백신과 사망자와의 인과성이 없음을 발표했습니다), 의약품을 생산하는 모 회사의 회장이 구속되었다는 가짜뉴스(Fake News, 뉴스의 형태로 제작된 사실이 아닌 거짓 뉴스) 등 인터넷 클릭 수에 따른 돈벌이로 전락했거나 의도적으로 사실을 왜곡한 기사들로 인해 많은 사람이 고통을 받고 있습니다. 정상적인 기업의 주가가 주식 시장에서 하루 만에 25%가 폭락하는 등 기업과 투자자들이 어려움을 겪기도 합니다.

창세기 1장 31절, "하나님이 지으신 그 모든 것을 보시니 보시기에 심히 좋았더라"라는 하나님의 말씀은 언론의 영역에서도 회복되어야 합니다. 이 땅의 언론인들을 향한 하나님의 말씀을 함께 읽어 봅시다.

"너희가 내게 번제나 소제를 드릴지라도 내가 받지 아니할 것이요 너희의 살진 희생의 화목제도 내가 돌아보지 아니하리라 네 노랫소리를 내 앞에서 그칠지어다 네 비파 소리도 내가 듣지 아니하리라 오직 정의를 물같이, 공의를 마르지 않는 강같이 흐르게 할지어다"(암 5:22-24).

"어떤 사람이 … 강도를 만나매 강도들이 … 때려 거의 죽은 것을 버리고 갔더라
마침 한 제사장이 그 길로 내려가다가 그를 보고 피하여 지나가고 …
한 레위인도 … 그를 보고 피하여 지나가되
어떤 사마리아 사람은 … 그를 보고 불쌍히 여겨
가까이 가서 … 싸매고 … 주막으로 데리고 가서 돌보아 주니라
…
이 세 사람 중에 누가 강도 만난 자의 이웃이 되겠느냐"(눅 10:30-36).

사람과 문화 만나기 활동 노트

❶ 관심 별점   ☆ ☆ ☆ ☆ ☆   (10점 기준)

❷ 어휘 정리

❸ 한 줄 요약

❹ 생각 정리

　1) 소개된 영역에서 배울 점과 느낀 점은 무엇인가요?

　2) 소개된 영역에는 어떤 성품이나 가치관(직업윤리)이 필요할까요? 왜 그렇게 생각하나요?

　3) 내가 주인공(또는 관련 인물)이라면 어떤 마음이 들었을까요? 그리고 어떻게 행동했을까요?

　4) 소개된 영역의 내용으로 친구들과 함께 생각할 질문 하나를 만들어 보세요.

❺ 배경지식 확장

　예) 조셉 퓰리처, ICIJ(국제탐사보도언론인협회), 넬리 블라이, 사회적 기업, 홈리스 월드컵, 언론중재법 등

❻ 진로 탐색하기

　롤 모델 : 사람 정신병원에서 환자들과 만드는 라디오 방송, 라 꼴리파타와 알프레도 올리베라

　롤 모델 : 문화 퓰리처 자신이 만든 황색언론의 역기능에 대한 반성으로 만든 상, 퓰리처상

　진로 미디어 : 영화 "스포트라이트"(Spotlight, 2015), 토마스 맥카시, 15세 관람

　진로 미디어 : 도서 『저널리즘의 기본 원칙』, 빌 코바치 · 톰 로젠스틸, 한국언론진흥재단

❼ 성경으로 바라보기

　1) 하나님이 이 영역을 만드신 목적은 무엇일까요? 그리고 이 영역은 사람의 죄로 인해 어떻게 무너졌나요?

　2) 이 영역에서 무너진 곳이 다시 회복되어 하나님의 나라가 이루어지도록 기도해요.

05

문화 · 예술 · 스포츠

재능을 선하고 자유롭게 펼치자

1. 롤 모델과 만나기

문화 · 예술 · 스포츠 분야에서 평범함과 탁월함의 차이를 만드는 요인 하나를 꼽는다면 'gift', 즉 재능일 것입니다. 재능은 잘 쓰일 때 자신과 공동체에 좋은 영향을 주지만, 잘못 쓰일 때는 소위 말하는 악마의 재능이 되어 자신과 공동체를 파괴합니다. "내게 주신 하나님의 은혜의 선물"(엡 3:7)인 재능의 사회적 · 윤리적 책임에 대해 말하고 실천했던 한 디자이너의 이야기입니다.

"디자이너는 사회적 · 도덕적 책임감을 의식해야 한다."
"사물을 아름답게만 만드는 것은 죄악이다. 사물을 쓸모 있게 만드는 것이 디자인이다." **– 빅터 파파넥**

빅터 파파넥의 9센트 라디오

2만 개가 넘는 힌두교 사원으로 인해 '신들의 섬'이라는 별명을 가진 인도네시아의 발리는 1963년부터 1964년까지 갑작스러운 화산 분출로 2,000명이 숨지고 10만 명의 이재민이 발생하는 국가적 재난을 겪었습니다.

디자이너인 빅터 파파넥은 유네스코 지원 프로그램을 통해 발리의 피해 현장을 방문해 열기와 화산재로 집을 잃고 인명 피해를 겪은 주민들이 언제 또 분출할지 모르는 화산 폭발을 두려워하는 모습을 보게 되었습니다. 그는 이 문제를 돕기 위해 재난 상황을 신속하게 전달하는 라디오를 생각해 냈습니다. 그리고 작은 라디오조차 구매할 여력이 없는 주민들을 위해 일상에서 쉽게 구할 수 있는 깡통과 전선, 파라핀 왁스 등을 이용한 일명 깡통 라디오를 디자인했습니다.

내부 설계를 마친 그는 라디오의 외부 디자인을 유명한 디자이너인 자신이 직접 하지 않고 지역의 주민들에게 부탁했습니다. 주민의 역할을 단순한 제품의 사용자에서 디자이너로까지 확장한 그의 생각은 많은 이의 관심과 참여로 이어졌고 인도네시아의 고유문화로 디자인된 다양한 깡통 라디오들이 나타났습니다. 이러한 방식의 디자인을 '참여적 디자인'이라 합니다. 이렇게 만들어진 라디오의 원가는 9센트, 한화 약 100원에 해당하는데, 이 깡통 라디오가 인도네시아 주민들에게 보급된 후 화산 폭발로 피해를 당하는 사람들이 현저하게 감소했습니다.

디자인이라는 재능을 세계의 부유한 10%가 아닌 나머지 90%를 위해 사용한 파파넥의 행동과 생각은 다른 이들에게도 영향을 주었습니다. 아프리카에서 아이들과 여성들이 4-5시간씩 걸으며 10L의 물을 힘들게 나르는 모습을 본 한스 헨드릭스는 50L 물통에 끈을 달아 손쉽게 굴려서 운반하는 Q 드럼을 디자인했고, 전기 사용에 어려움을 겪는 이들을 안타깝게 여긴 알프레도 모저는 주변의 흔한 페트병과 표백제를 이용해 약 55W의 빛을 5년 동안 사용할 수 있는 모저 램프를 만들었습니다. 그리고 이제 소개할 디자이너 역시 빅터 파파넥에게 많은 영향을 받았다고 고백한 다음 세대의 디자이너 중 한 명입니다.

대전에 있는 카이스트의 산업디자인학과에는 '나눔의 디자인' 철학을 가진 배상민 교수가 있습니다. 영국의 세인트 마틴, 벨기에의 앤트워프 왕립예술학교와 함께 세계 3대 디자인 학교 중 하나인 미국의 파슨스 디자인 대학에서 제품 디자인을 전공한 그는 졸업 작품인 '사운드 펌프'가 전미디자인대회에서 1등을 한 계기로 27세에 그 대학 최초의 동양인 교수가 되었습니다. 그리고 30세에는 자신이 운영하는 회사에서 코닥, 3M 같은 세계적 기업의 제품을 디자인하는 등 디자인 분야에서 사회적 성공을 거두었습니다. 하지만 그는 높아지는 명성과 달리 마음속에 낮게 스며들었던 회의감을 이렇게 고백했습니다.

"제가 디자인한 제품이 이슈가 되니 좋았어요. 하지만 소비자가 적당히 쓰다가 신제품을 또 사게끔 디자인을 해야 해서 결국 아름다운 쓰레기만 만드는 것 같았습니다. 디자인이란 어떤 문제를 창의적으로 해결하는 것으로 생각하는데 내가 사람들의 욕망을 부추긴다고 생각하니 점점 회의가 들었습니다."

디자인을 하는 근본적인 이유에 대해 고민하던 중 빅터 파파넥의 저서 『인간을 위한 디자인』을 읽으며 생각을 정리한 그는 2005년 미국 생활을 마치고 한국에 돌아왔습니다. 대학에서 학생들을 가르치는 동시에 사회공헌디자인연구소를 운영하며 부유한 이들을 위한 "나눔 프로젝트"와 가난한 이들을 위한 "SEED 프로젝트" 등 그는 자신의 디자인 재능으로 사람들을 돕는 일을 시작했습니다.

"나눔 프로젝트"를 통해 디자인된 여러 제품 중 천연 가습기인 러브팟(lovepot)이 있습니다. 전기를 사용하지 않고 화분에 물을 담은 후 하트 모양의 티슈 볼을 이용해 수분을 공

천연 가습기 러브팟

기로 전달하는 방식의 이 친환경 가습기는 티셔츠 10장의 가습 효과를 내면서도 전기와 살균제가 필요하지 않아 사람들에게 큰 호평을 받았습니다. 러브팟은 예쁜 디자인과 함께 가습 효과도 좋은 장점이 있는데, 이 제품의 또 다른 특징은 판매 수익의 전액이 저소득층 아이들의 교육을 위해 기부된다는 점입니다. 소비자는 나와 가족의 건강을 위해 러브팟을 구매하지만, 이 소비는 누군가를 돕는 따뜻한 나눔이 되고, 나아가 친환경 제품의 사용으로 지구의 환경을 보호합니다.

'세상을 살리는 디자인'이라는 철학으로 만들어진 러브팟은 2008년 세계 4대 디자인상(독일의 iF와 Red Dot, 일본의 Good Design, 미국의 IDEA)을 모두 석권하며 세계에서도 그 가치를 인정받았습니다. 여담이지만, 저 역시 이 제품의 취지가 좋고 또 살균제를 사용하지 않아 안전하기에 여러 개를 사용하고 있답니다. 자신의 디자인에 대한 영감의 원천을 하나님으로 고백한 그는 하나님과 자신, 디자인과의 관계를 이렇게 말합니다.

"하나님은 연약한 자를 돌보시는 분입니다. 저는 그것을 디자인을 통해 실현할 뿐입니다."

1995년부터 2011년까지 우리나라에 원인 불명의 폐 질환 사망자(주로 영아, 임산부, 환자 등)가 계속 발생했습니다. 2011년 11월 가습기 살균제로 사용된 인체에 해

로운 성분이 그 원인임을 확인한 정부는 대대적인 조사에 들어갔고, 2020년 7월 사회적참사특별조사위원회는 환경부에 가습기 살균제 피해를 신고한 6,817명 중 1,553명이 사망했고 파악되지 않은 사망 피해자는 약 1만 4,000명, 건강 피해 경험자는 약 67만 명으로 추정된다는 연구 결과를 발표했습니다.

환경보건시민센터에 따르면, 1994년부터 2011년까지 가습기 살균제(옥시, SK케미칼 등)를 사용한 사람은 약 1,000만 명으로 추산되며, 정부의 조사 결과 제품을 만든 대기업들은 가습기 살균제 성분 중 일부가 유해하다는 것을 이미 알고 있었음이 알려지며 국민적 공분을 샀습니다. 이 제품을 디자인하고 생산한 기업들에게 그들의 제품을 믿고 사용한 '사람'은 어떤 존재였을까요?

유튜브 참고 영상
- "세바시 329회 세상을 치유하는 나눔 디자인 | 배상민 KAIST"(채널명: 세바시 강연 Sebasi Talk)
- "지식채널e 사람을 향한 디자인이란 이런 것"

2. 성경으로 바라보기

죄가 세상에 들어온 이후 모든 영역은 타락했으며, 이것은 디자인 분야도 마찬가지입니다. 하나님이 각 사람에게 선물로 주신 재능을 사람들은 어떻게 사용했을까요? 네덜란드의 재능이 있는 한 디자이너는 여성의 신체 일부를 가구에 섹시하게 디자인해 판매하는데, 이 가구가 사람들에게 인기를 끌어 우리나라 언론에도 소개된 적이 있습니다. "여성의 몸매가 나의 열정과 결합해 섹시한 디자인을 창조해 낼 수 있다"라고 인터뷰한 그의 기사에서 디자인과 사람에 대한 그의 철학과 생각을 가늠해 볼 수 있습니다.

독일에는 「타임」(Time)지 표지에 실릴 만큼 언어에 탁월한 재능을 가진 사람이 있었습니다. 그는 자신의 재능을 이용해 아직 잘 알려지지 않은 한 정치인을 대중에게 알리며 사람들의 지지를 끌어내는 데 큰 역할을 했습니다. 그의 재능으로 도움을 받아 훗날 최고 권력자가 된 정치인은 2차 세계대전을 일으킨 아돌프 히틀러이며, 히틀러가 나치 독일의 총통이 되도록 도운 사람은 선동의 제왕으로 불린 요제프 괴벨스입니다.

알려진 것처럼 히틀러는 베를린 함락이 임박한 1945년 4월 30일 자살했습니다. 그리고 그의 최측근인 괴벨스 역시 다음 날 아내와 함께 자신의 6명의 자녀들을 모두 죽이는 비극적인 최후를 맞이했습니다. 만약 그에게 뛰어난 재능이 없었거나 재능을 다르게 사용했다면 그와 그의 가족, 나아가 독일 민족은 어떤 삶을 살았을까요? 사후 독일의 위대한 문학가 요한 볼프강 폰 괴테와 비교할 만큼 언어에 탁월한 재능을 가졌던 한 사람의 비극적인 이야기입니다.

창세기 1장 31절, "하나님이 지으신 그 모든 것을 보시니 보시기에 심히 좋았더라"라는 하나님의 말씀은 문화·예술·스포츠 영역에서도 회복되어야 합니다. 이 땅의 재능 있는 모든 이를 향한 하나님의 말씀을 함께 읽어 봅시다.

> "하나님이 우리에게 주신 것은 두려워하는 마음이 아니요 오직 능력과 사랑과 절제하는 마음이니 … 너는 … 네게 부탁한 아름다운 것을 지키라"(딤후 1:7, 13-14).

> "너희는 이 세대를 본받지 말고 오직 마음을 새롭게 함으로 변화를 받아 하나님의 선하시고 기뻐하시고 온전하신 뜻이 무엇인지 분별하도록 하라"(롬 12:2).

> "너의 분별력이 너를 지키고 깨달음이 너를 보호할 것이다"(잠 2:11, 현대인의성경).

❶ 관심 별점   ☆ ☆ ☆ ☆ ☆   (10점 기준)

❷ 어휘 정리

❸ 한 줄 요약

❹ 생각 정리

   1) 소개된 영역에서 배울 점과 느낀 점은 무엇인가요?

   2) 소개된 영역에는 어떤 성품이나 가치관(직업윤리)이 필요할까요? 왜 그렇게 생각하나요?

   3) 내가 주인공(또는 관련 인물)이라면 어떤 마음이 들었을까요? 그리고 어떻게 행동했을까요?

   4) 소개된 영역의 내용으로 친구들과 함께 생각할 질문 하나를 만들어 보세요.

❺ 배경지식 확장

   예) 세계 4대 디자인 공모전, 적정기술 디자인, 유니버설 디자인(Universal Design), 참여적 디자인, 사참위 등

❻ 진로 탐색하기

   [롤 모델:사람] 90%의 사람들을 위한 디자이너, 빅터 파파넥

   [롤 모델:문화] 모든 사람을 위한 디자인, 유니버설 디자인

   [진로 미디어:영화] "디터 람스"(Rams, 2018), 게리 허스트윗, 전체 관람

   [진로 미디어:도서] 『나는 3D다』, 배상민, 시공사

❼ 성경으로 바라보기

   1) 하나님이 이 영역을 만드신 목적은 무엇일까요? 그리고 이 영역은 사람의 죄로 인해 어떻게 무너졌나요?

   2) 이 영역에서 무너진 곳이 다시 회복되어 하나님의 나라가 이루어지도록 기도해요.

06

사회복지 · 교회

인간의 삶을 돕고 영혼을 구제하는 방법

1. 롤 모델과 만나기

거리에서 만나는 사람들에게 "어떤 종교를 믿나요?"라고 질문하면 대부분 기독교, 천주교, 불교, 또는 무교라고 대답할 것입니다. 실제로 한국갤럽이 2021년 발표한 "한국인의 종교와 종교 의식 보고서"에서 우리나라 국민의 종교는 개신교(17%), 천주교(6%), 불교(16%), 무교(60%)로 조사되었는데, 이를 2015년 발표된 직전 보고서 결과인 개신교(21%), 천주교(7%), 불교(22%), 무교(50%)와 비교하면 전체적으로 종교 인구가 줄어들고 있음을 알 수 있습니다.

보고서에서 종교가 없는 이들은 "어떤 종교에 호감이 있나요?"라는 질문에 불교(20%), 천주교(13%), 개신교(6%) 순으로 응답했고 61%는 호감 종교가 없다고 답했습니다. 이는 2015년 조사 결과인 불교(25%), 천주교(18%), 개신교(10%)와 비교하면 개신교 호감도가 상대적으로 더 낮아졌음을 보여 줍니다.

또 "과거에 종교가 있었나요?"라는 질문에 "종교를 믿은 적 있다"라고 답한 사람은 25%였는데, 이 답변자들 중 52%는 과거에 개신교를 믿었다고 응답했습니다. 즉 개신교로 불리는 기독교는 2021년 현재, 우리 사회에서 가장 낮은 호감도와 함께 믿음에서 떠나가는 사람이 가장 많은 종교가 되었습니다.

팬데믹 시대의 설문 조사라서 방역 수칙을 어긴 일부 교회의 사건들도 영향을 주었겠지만, 이보다 앞선 2018년 「시사저널」의 "누가 한국을 움직이는가"라는 주제의 조사에 따르면 현재 상황이 어느 정도 이해됩니다. 기사에 나온 '영향력 있는 종교인 10인'을 종교별로 분류하면, 불교 5명(3위: 법륜, 4위: 故 법정, 6위: 故 성철, 7위: 혜민, 8위: 설정), 천주교 3명(1위: 故 김수환, 2위: 염수정, 5위: 정진석), 기독교 2명(9위: 故 조용기, 10위: 故 한경직)의 순서가 됩니다.

이는 한국갤럽이 2021년에 발표한 사람들이 호감을 느끼는 종교 순위와 일치합니다. 안타깝게도 조용기 목사는 여러 사건으로 인해 좋은 영향력을 주는 경우로 응답된 것이 아니라 판단되기에, 조사 당시 우리 사회에 긍정적인 영향력을 주는 목회자는 한경직 목사만 남습니다.

한경직 목사는 1945년 서울 영락교회의 전신인 베다니전도교회를 개척하고 교회가 해야 할 일로서 전도, 교육, 봉사의 3원칙을 세운 후 전쟁 피난민을 위한 천막촌과 그들의 자녀를 위한 학교를 세우고, 미망인과 자녀를 위한 모자원과 의지할 사람이 없는 노인을 위한 경로원을 운영했습니다.

1950년 월드비전을 설립하고 1954년 신사참배를 거부하며 자진 폐교한 숭실대 재건에 참여하는 등 교회 사역뿐 아니라 사회·교육 사업에도 적극적으로 참여했습니다. 마치 강도 만난 사람을 도운 선한 사마리아인처럼 도움이 필요한 교회 밖 이웃들에게 따뜻한 손을 내민 그는 그리스도인뿐 아니라 비그리스도인에게도 존경받으며 1992년 목회 활동과 사회사업의 공로를 인정받아 한국인 최초로 종교계의 노벨상으로 불리는 '템플턴상'을 수상했습니다. 템플턴상위원회는 그를 수상자로 선정하며 공적을 이렇게 말했습니다.

"그는 … 피난민들과 가난한 사람들을 위한 그의 사역을 통해 세계의 이목을 한국의 기독교 성장에 집중하게 한 지도자다. 한 목사는 아마도 20세기가 낳은 한국의 가장 뛰어난 목사일 것이다."

템플턴상 수상을 축하하며 많은 사람이 모인 시상식 감사 예배에서 그는 아무도 예상하지 못한 말을 했습니다.

한경직 목사

"저는 하나님과 여러분 앞에서 죄인임을 고백합니다. 일제 때 신사참배를 했는데 그 죄를 제대로 참회하지 않았습니다. 일생의 짐이었던 우상 숭배의 죄를 이제야 참회합니다."

자신이 가장 빛나는 자리에서 가장 부끄러운 치부를 눈물로 드러낸 그의 고백은 신사참배에 참여한 목회자와 교단의 회개를 이끌어 내는 첫 촉매제가 되었습니다. 빚진 마음으로 검소하고 겸손하게 살았던 한경직 목사는 초대형 교회의 담임목사였지만 평생 자신의 이름으로 된 집, 땅, 통장을 가지지 않고 자녀에게도 일체의 유산을 남기거나 교회를 세습하지 않으며 소외된 이들과 함께한 존경받는 한국 교회의 목회자로 기억됩니다.

두 번째 이야기는 독일에서 시작합니다. 1933년 게르만민족주의와 반유대주의를 내세우며 독일의 수상이 된 아돌프 히틀러는 1차 세계대전의 패전으로 심각한 실업과 자살 등 어려움을 겪던 독일을 대대적인 인프라 건설 등을 통해 세계 3위의 경제 대국으로 만들고 교회에도 유화적인 태도를 보였습니다. 독일 사회의 자존심을 회복시키며 국민 다수의 지지를 받은 히틀러를 가리켜 많은 독일 교회는 '무너진 독일을 세우고 세계에 번영을 가져올 하나님이 보내신 시대의 구세주'라고 말했습니다.

하지만 히틀러가 총통이 된 다음 날, 라디오에서 "독일 국민은 히틀러라는 우상을 숭배하게 될 것이다"라며 공개 비판한 목사가 있습니다. 히틀러와 그를 추종하는 독일 교회를 반대한 그는 교회의 머리는 히틀러가 아니라 예수 그리스도이심을 고백하는 사람들과 함께 고백교회와 신학교를 세우고 목회 활동을 하며 학생들을 교육했습니다. 고백교회 사람들의 생각은 1934년 독일 부퍼탈시에서 발표된 "바르멘 선언문" 서문에 다음과 같이 잘 나타나 있습니다.

"고백교회 총회는 우리의 신앙 고백과 독일의 교회를 파괴하는 나치 기독교에 맞서, 믿음으로 … 그들에게 저항하고자 한다. … 독일 복음주의 교회는 성령을 통한 믿음 안에서 하나님의 말씀인 성경으로만 하나가 될 수 있다. … 만일 우리의 선언이 성경에 위배된다면 듣지 않아도 된다. 그러나 만일 우리가 성경에 근거한다면 나치에게서 오는 모든 두려움과 유혹을 극복하고 하나님의 말씀에 순종함으로써 믿음의 길에 함께 참여하라."

디트리히 본회퍼 목사

라디오 방송 후 게슈타포에게 감시받던 그는 목회 활동과 강의가 점점 어려워졌고, 1937년 마침내 나치는 그가 교장으로 있던 신학교를 폐쇄하고 그를 추방했습니다. 1939년 미국 유니온 신학교에서 나치가 패망할 때까지 강의와 연구 제안을 받고 미국에 간 그는 곧 잘못된 결정임을 깨닫고 독일로 다시 돌아갔습니다. 이때 그를 걱정하며 말리는 친구에게 그는 다음과 같이 말했습니다.

"우리 민족이 수난당하는 이때 나는 독일의 그리

스도인들과 운명을 함께해야 합니다. 만일 이때 함께 고난받지 않는다면 전쟁 후 나는 독일의 재건에 참여할 권리를 가질 수 없을 것입니다."

독일로 돌아온 그는 히틀러와 나치에 대한 깊은 고민 끝에 "악을 보고도 침묵하는 것이 악이다"라는 말을 남기고 나치 저항 운동에 참여했습니다. 1943년 반나치 운동이 게슈타포에 발각되어 투옥된 그는 1944년 10월 히틀러에 대한 마지막 암살 시도의 실패로 약 5,000명이 체포되고 처형된 발키리 작전에 그가 연루되었다는 증거가 나온 후 플로센뷔르크 수용소로 이송되었습니다. 감옥에서 새해를 앞두고 사랑하는 어머니와 약혼녀에게 편지와 시 "선한 권능에 감싸여"를 보냈는데, 그 시에 후대 독일 작곡가가 곡을 붙인 찬양 "선한 능력으로"는 사람들에게 큰 감동을 줍니다.

마침내 1945년 4월 9일, 그는 "죽음은 끝이 아니라 영원한 삶의 시작입니다"라는 말을 남기고 교수형을 당했습니다. 그의 처형 2주 후에는 연합군이 수용소에 진군해 수감자들을 해방했고, 3주 후인 4월 30일 처형 명령을 내린 히틀러는 자살로 생을 마감했습니다. 그리고 4주 후인 5월 8일 마침내 나치 제국도 연합군에 항복했습니다. '독일의 행동하는 양심'으로 불리는 그는 고백교회의 목사이자 뛰어난 신학자였던 디트리히 본회퍼입니다.

유튜브 참고 영상
- "한경직 목사의 육성 유언"
- "디트리히 본회퍼 목사의 마지막 발자취와 그의 메시지"(채널명: 교회교육연구소)
- "[손석희의 앵커 브리핑] '예수 잘 믿으세요'"(채널명: JTBC News)

2. 성경으로 바라보기

죄가 세상에 들어온 이후 모든 영역은 타락했으며, 이것은 교회 영역도 마찬가지입니다. 앞서 소개한 세상에 선한 영향력을 끼친 목회자들도 있지만 반대의 경우도 적지 않습니다. 자신의 비리를 폭로한 목사를 살해하고자 흉기를 휘두른 목사, 도박에 빠지고 성추행을 저지른 목사, 자신의 위치를 이용해 헌금을 유용하고 교인에게 금전적 이득을 취한 목사, 적법한 공권력에 대항해 화염병을 던지는 교회 등 어쩌면 다른 분야보다 교회는 가장 많은 하나님의 눈물이 흐르는 영역일지 모르겠습니다.

창세기 1장 31절, "하나님이 지으신 그 모든 것을 보시니 보시기에 심히 좋았더라"라는 하나님의 말씀은 교회 영역에서도 회복되어야 합니다. 이 땅의 목회자들을 향한 하나님의 말씀을 함께 읽어 봅시다.

> "네 마음을 다하며 목숨을 다하며 힘을 다하며 뜻을 다하여 주 너의 하나님을 사랑하고 또한 네 이웃을 네 자신 같이 사랑하라"(눅 10:27).

> "내가 진실로 진실로 너희에게 이르노니 한 알의 밀이 땅에 떨어져 죽지 아니하면 한 알 그대로 있고 죽으면 많은 열매를 맺느니라 … 사람이 나를 섬기려면 나를 따르라 … 사람이 나를 섬기면 내 아버지께서 그를 귀히 여기시리라"(요 12:24, 26).

> "나더러 주여 주여 하는 자마다 다 천국에 들어갈 것이 아니요 다만 하늘에 계신 내 아버지의 뜻대로 행하는 자라야 들어가리라"(마 7:21).

사람과 문화 만나기 활동 노트

❶ 관심 별점   ☆ ☆ ☆ ☆ ☆   (10점 기준)

❷ 어휘 정리

❸ 한 줄 요약

❹ 생각 정리

　1) 소개된 영역에서 배울 점과 느낀 점은 무엇인가요?

　2) 소개된 영역에는 어떤 성품이나 가치관(직업윤리)이 필요할까요? 왜 그렇게 생각하나요?

　3) 내가 주인공(또는 관련 인물)이라면 어떤 마음이 들었을까요? 그리고 어떻게 행동했을까요?

　4) 소개된 영역의 내용으로 친구들과 함께 생각할 질문 하나를 만들어 보세요.

❺ 배경지식 확장

　예) 월드비전, 템플턴상, 신사참배, 고백교회, 카를 바르트, 바르멘 선언, 홀로코스트, 발키리 작전 등

❻ 진로 탐색하기

　|롤 모델:사람| 무신론자에서 목사가 되어 살아 있는 순교자로 불린, 리처드 범브란트
　|롤 모델:문화| 24시간 동안 예배가 끊어지지 않는 집, 한국기도의집(KHOP)
　|진로 미디어:영화| "본회퍼"(Bonhoeffer: Agent Of Grace, 2020), 에릭 틸, 전체 관람
　|진로 미디어:도서| 『나의 감사(한경직 목사 구술 자서전)』, 한경직, 두란노

❼ 성경으로 바라보기

　1) 하나님이 이 영역을 만드신 목적은 무엇일까요? 그리고 이 영역은 사람의 죄로 인해 어떻게 무너졌나요?

　2) 이 영역에서 무너진 곳이 다시 회복되어 하나님의 나라가 이루어지도록 기도해요.

과학 · 공학 · 기술

지식을 탐구하고 이론을 응용해 공동체를 이롭게

1. 롤 모델과 만나기

　대안기술 또는 사람을 돕는 따뜻한 기술로 알려진 '적정기술'은 2006년 경남에 설립된 대안기술센터와 2008년 한동대에서 열린 '소외된 90%를 위한 공학설계 아카데미' 등을 통해 국내에 소개되었습니다.

　적정기술의 역사는 1973년 영국 경제학자인 E. F. 슈마허의 저서 『작은 것이 아름답다』에서 저개발국가를 위한 소규모 생산기술을 '중간기술'로 부르는 것에서 시작합니다. 당시 개발도상국들이 겪는 문제들을 해결하기 위해 현지 상황을 고려한 기술을 중간기술로 불렀는데 '중간기술'이라는 단어가 '첨단기술'보다 하위의 느낌을 준다는 의견이 있어서 여러 논의를 거친 후 현재 우리가 사용하는 '적정기술'이라는 용어로 변경되었습니다.

　적정기술은 이솝우화 "여우와 두루미"의 문제를 해결하는 방법이라고 볼 수 있습니다. 두루미를 초대한 후 자신이 사용하는 납작한 접시에 음식을 준 여우나 여우를 초대한 후 입구가 길쭉한 병에 음식을 준 두루미의 방식은 수요자를 고려하지 않은 공급자 중심의 도움이며 기술입니다. 반면 적정기술은 음식을 먹을 수 없는 여우와 두루미에게 각각 음식을 먹기에 적당한 냄비나 컵과 같이 주변에서 구할 수 있는 도구를 이용해 그들의 문제를 해결할 수 있도록 돕는 사용자 중심의 도움이자 기술입니다.

폴 폴락

1980년대 한 정신과 의사가 정신질환으로 고통받는 사람들을 위한 클리닉을 운영하며 가난한 사람들은 그들의 가난을 해결하지 않으면 정신병의 치료도 어렵다는 것을 깨달았습니다. 그는 의사를 그만둔 후 빈곤층이 가난에서 벗어나도록 필요한 기술들을 제공하며 자립을 돕는 비영리기구인 국제개발기업(IDE)을 설립하고 방글라데시로 떠났습니다. 그는 현지의 가난한 농부들과 대화를 하며 농부들이 농업용수를 강우에만 의존하기에 비가 오지 않는 건기에는 전기와 비용 등의 문제로 농지에 물을 공급하기 어려워 농사를 하지 못한다는 사실을 알게 되었습니다. 이후 그는 엔지니어들과 함께 현지에서 쉽게 구할 수 있는 대나무를 이용해 전기를 사용하지 않고 마치 사람이 자전거를 타듯 발로 페달을 밟아서 지하수를 끌어올려 농지에 물을 공급하는 페달 펌프를 개발했습니다.

펌프는 무료가 아닌 25달러에 판매되었는데 하루 생활비가 2달러 미만인 어려운 농부들에게는 제품을 먼저 공급하고 대금은 농사가 끝난 추수 후에 받으며 경제적 부담을 덜어 주었습니다. 이후 페달 펌프를 이용한 농부들의 수입이 연 100-500달러까지 증대되고 펌프의 제작과 설치에 관련된 사람들의 일자리도 덩달아 늘어나면서 페달 펌프는 방글라데시에서만 150만 대, 세계적으로는 300만 대 이상이 팔리며 2,000만 명 이상의 사람들이 빈곤을 벗어나는 데 도움을 주었습니다. 의술로 사람의 마음을 치료하는 것에서 더 나아가 기술로 가난을 치료한 그는 적정기술의 아버지로 불리는 폴 폴락입니다.

적정기술의 또 다른 사례 두 가지를 소개하겠습니다. 2008년 하버드대 3학년에 재학 중인 제시카 매튜스는 비이공계생을 위한 엔지니어링 수업에서 과제로 나온 프로젝트를 구상하다가 몇 년 전 전력 사정이 좋지 않은 나이지리아에서 열렸던 이모의 결혼식을 생각했습니다. 한창 결혼식이 진행되다 갑자기 발생한 정전으로 인해 당황하며 어려움을 겪었던 친척들을 생각하며 프로젝트 과제의 주제를 "저개발국가에서도 전기를 쉽게 생산하고 사용하는 것"으로 정한 후 해결 방안을 찾다가 세계의 모든 아이가 좋아하는 축구를 떠올렸습니다.

그녀는 아이들이 공을 찰 때 발생하는 운동에너지를 이용해 전기에너지를 생산한다는 아이디어를 가지고 친구들과 연구한 끝에 기존 축구공보다 딱 30g 더 나가지만 진동 감지 센서와 발전기 등을 내장해 전기를 생산할 수 있는 축구공 소켓볼(Soccket ball)을 개발했습니다. 소켓볼은 아이들이 축구를 30분간 즐기면 내부 발전기를 통해 6W 전력이 생산되어 배터리에 충전되고, 이렇게 충전된 전기로 LED 램프 같은 소형 가전이나 다른 가전기기를 충전할 수 있습니다.

수업 과제로 시작된 소켓볼은 사회적 기업인 언차티드 플레이(Uncharted Play)의 창업으로 발전했습니다. 2013년 같은 원리로 15분간 줄넘기 운동을 하면 약 2시간 동안 쓸 수 있는 전기가 생산되는 줄넘기 펄스(Pulse)가 나왔습니다. 이 제품들로 2015년 기준 600만 달러의 매출이 발생했으며, 회사는 이후 언차티드 파워(Uncharted Power)라는 운동에너지솔루션전문기업으로 성장했습니다. 이 회사는 사람이나 차가 움직일 때 발생하는 운동에너지를 전기로 전환하여 지표면 근처의 센서나 디바이스 등에 에너지를 제공하는 사업 모델을 가지고 아프리카에서 에너지 하베스팅 사업을 하고 있습니다.

비슷한 시기인 2007년 안과 의사 앤드루 바스토러스는 케냐의 시골 사람들에게 안과 진료를 하며 큰 어려움을 겪었습니다. 의료기기는 특성상 부피가 크고 전기가 필요한데, 정작 의료진의 도움이 필요한 마을들은 낙후되어 차가 다닐 수 있는 도로가 없거나 전기를 안정적으로 사용하지 못할 때가 많았기 때문입니다. 이러한 어려움으로 진료에 난항을 겪다가 그는 외딴 마을이라도 휴대전화를 이용한 통신은 가능하다는 사실을 알게 되었습니다.

주민들의 일상에 대한 그의 관찰은 기존의 값비싼 의료기기가 아닌 스마트폰 기반의 안과 장비 아이디어로 발전했습니다. 그는 이 아이디어를 실현하기 위해 소프트웨어 개발자, 생물의학 엔지니어, 안과 의사들과 팀을 이루어 스마트폰을 이용해 안과 진료를 할 수 있는 앱, '피크비전'(PEEK Vision)을 만들었습니다. 이 앱으로는 시력 검사는 물론 망막, 백내장 등의 안질환 검사도 가능하고, 백내장 수술이 필요한 환자를 식별할 수 있으며, 당뇨병, 말라리아와 같은 질병의 초기 징후도 감지할 수 있습니다. 그리고 스마트폰을 이용하기에 추가 진단 및 치료를 위한 고품질 이미지를 손쉽게 촬영 및 저장할 수 있으며 다른 지역의 안과 의사에게 환자의 연락처, 망막 사진 등 진료에 필요한 정보를 전송해 원격의료에도 활용 가능합니다.

피크비전은 누구나 가지고 있는 스마트폰을 기본 장비로 이용하고 진료에 필요한 추가 장비를 3D 프린터로 제작해 스마트폰에 부착, 사용하기에 의료기기의 구입 및 운영 비용을 절감합니다. 하지만 성능에서는 500달러의 피크비전과 2만 5,000달러의 고가 장비로 촬영한 망막 사진을 비교하면 큰 차이가 없습니다. 세계보건기구(WHO)에 따르면, 전 세계 인구 중 2억 8,500만 명이 시각 장애를 갖고 있습니다. 이 중 3,900만 명은 앞을 전혀 볼 수 없으며, 2억 4,600만 명은 저시력으로 인해 일상에 어려움을 겪습니다. 그리고 시각장애인의 약 90%는 안과 의사가 부족한 저소득 국가에 살고 있으며 모든 시각 장애의 80%는 조기 진단 시 치료 또는 예방할 수 있습니다.

청소년들이 좋아하는 축구공과 스마트폰에 적정기술을 접목해 다른 사람들을 돕는 사람들을 만나 보았습니다. 나는 무엇을 좋아하나요? 그리고 그 좋아하는 것에 기술을 접목하면 어떤 일을 할 수 있을까요?

유튜브 참고 영상
- "《뉴스G》 지속 가능한 착한 축구공"(채널명: EBS Culture)
- "Andrew Bastawrous: Get your next eye exam on a smartphone"(채널명: TED)

2. 성경으로 바라보기

죄가 세상에 들어온 이후 모든 영역은 타락했으며, 이것은 과학과 기술의 영역도 마찬가지입니다. 앞서 소개한 것과 같이 글자 그대로 세상의 빛이 되어 준 사람과 기술도 있지만, 그 반대의 경우도 적지 않습니다. 어떤 해커들은 자신의 프로그래밍 능력을 이용해 스마트폰과 컴퓨터를 감염시키고, 심지어 병원, 전철처럼 사회가 운영되는 데 꼭 필요한 기반 시설마저 무차별적으로 공격하고 돈을 요구합니다. 한 예로, 2021년 5월 미국 남동부 지역 석유 공급의 45%를 담당하는 한 회사가 랜섬웨어 공격으로 6일간 휘발유 공급이 중단되자 휘발유 가격이 폭등하고 18개 주에 비상사태가 선포되었습니다.

구글 출신의 한 엔지니어는 4차 산업의 핵심인 인공지능(AI)에 기반해 인공지능을 섬기는 교회를 만들었고, 자동차 자율주행기술은 원격조종 차량으로 일으키는 폭탄 테러 등에 사용됩니다. 사람에 대한 사랑이 없는 기술과 지식의 발전은 마치 아이 손에 쥐어진 잘 드는 칼과 같이 때로는 자신을 찌릅니다.

창세기 1장 31절, "하나님이 지으신 그 모든 것을 보시니 보시기에 심히 좋았더라"라는 하나님의 말씀은 공학과 기술 영역에서도 회복되어야 합니다. 이 땅의 지식과 기술이 있는 사람들을 향한 하나님의 말씀을 함께 읽어 봅시다.

"주님께서 당신들에게 실천하라고 명하신 말씀은 이러합니다. … 당신들 가운데 기술 있는 사람은 모두 와서, 주님께서 명하신 모든 것을 만드십시오"(출 35:1, 10, 새번역).

"너희가 … 옛 사람과 그 행위를 벗어 버리고 새사람을 입었으니 이는 자기를 창조하신 이의 형상을 따라 지식에까지 새롭게 하심을 입은 자니라"(골 3:9-10).

"그러므로 너희가 더욱 힘써 너희 믿음에 … 지식을, 지식에 … 사랑을 더하라"(벧후 1:5-7).

❶ 관심 별점   ☆ ☆ ☆ ☆ ☆   (10점 기준)

❷ 어휘 정리

❸ 한 줄 요약

❹ 생각 정리

   1) 소개된 영역에서 배울 점과 느낀 점은 무엇인가요?

   2) 소개된 영역에는 어떤 성품이나 가치관(직업윤리)이 필요할까요? 왜 그렇게 생각하나요?

   3) 내가 주인공(또는 관련 인물)이라면 어떤 마음이 들었을까요? 그리고 어떻게 행동했을까요?

   4) 소개된 영역의 내용으로 친구들과 함께 생각할 질문 하나를 만들어 보세요.

❺ 배경지식 확장

   예) E. F. 슈마허, 중간기술과 적정기술, 적정기술 이용 사례와 비즈니스, 에너지 하베스트 등

❻ 진로 탐색하기

   | 롤 모델:사람 | 세상에서 제일 따뜻한 맘, 제임스 로버츠

   | 롤 모델:문화 | 난민들을 위해 이케아가 만든 주택, 베러 쉘터(better Shelter)

   | 진로 미디어:다큐 | "인류를 위한 새 바람 – 4차 산업혁명" 1–10회, YTN 사이언스

   | 진로 미디어:도서 | 『국경 없는 과학기술자들 – 적정기술과 지속가능한 세상』, 이경선, 뜨인돌

❼ 성경으로 바라보기

   1) 하나님이 이 영역을 만드신 목적은 무엇일까요? 그리고 이 영역은 사람의 죄로 인해 어떻게 무너졌나요?

   2) 이 영역에서 무너진 곳이 다시 회복되어 하나님의 나라가 이루어지도록 기도해요.

사람과 문화
만나기
활동 노트

보건 · 의료

생명을 지키고 건강을 증진한다

1. 롤 모델과 만나기

1950년 오스트리아 한 병원에서 15세의 마리안느와 14세의 마가렛은 간호를 배우는 견습생으로 만났습니다. 또래였던 두 소녀는 금세 친해졌고, 1952년에는 함께 간호학교에 입학했습니다. 예수님을 따라 살기를 소원했던 두 소녀는 천주교에서 종신서원을 했고 가장 소외된 사람들로 여겨진 한센병 환자들을 위한 간호 교육을 받았습니다. 그리고 1960년대 가장 가난한 나라인 대한민국의 한 섬에서 한센인들을 위한 간호사를 모집한다는 소식을 듣고 자원해 소록도에 오게 되었습니다.

그녀들이 오게 된 소록도는 1910년 개신교 선교사들이 요양원을 세운 이후 1917년 조선총독부에 의해 전국의 모든 한센병 환자가 가족과 생이별을 당하고 수용되어 생체 실험과 시신 해부, 강제 노역과 단종 수술 등의 모진 학대를 겪고 환자 84명이 무참히 학살당한 가슴 아픈 사연이 서린 섬이었습니다.

작은 사슴을 닮은 섬, 소록도(小鹿島)로 온 두 간호사는 온몸이 성치 않은 한센

마리안느와 마가렛 ⓒ 마리안느와마가렛

인들에게 당시 우리나라 의료진이 상상할 수 없었던 행동을 했습니다. 한센병 환자들의 썩어 문드러진 상처를 싫은 기색 없이 맨손으로 만지고 약을 발라 주며, 말이 잘 통하지는 않아도 환자들의 이야기를 들어 주고 그들과 대화를 나누는 것이었습니다.

푸른 눈의 간호사들을 만난 환자들이 훗날 "천형으로 여겨 가족조차도 전염될까 두려워하던 존재에서 발병 후 처음으로 한 인간으로서의 존재를 인정받고 사람으로 대접을 받았다"라고 말할 만큼 환자들을 존중하고 사랑으로 돌본 그녀들의 모습은 한국 의료진의 마음과 태도에도 영향을 줍니다. 예전에는 환자의 곪고 썩어 가는 상처에서 나는 냄새가 싫어 마스크를 쓰고 일부러 환자가 있는 병실을 피해 다녔던 의사들도 언젠가부터는 그녀들을 따라 마스크를 벗고 환자들에게 먼저 말을 걸고 다가서게 되었습니다.

두 간호사는 당시의 한국 의료 기술로 수술이 힘든 경우 외국의 의료진을 초청해 환자의 수술을 돕고, 오스트리아에 갈 때마다 후원을 받아 가난한 나라에서 충분치 않았던 약과 의료기기를 구입하며 병원의 부족한 병동들과 목욕탕을 건축했습니다. 그뿐 아니라 그녀들은 한센인 자녀를 위한 영아원을 운영하고 환자가 퇴원할 때는 재정적인 도움을 주는 등 환자의 아픈 몸뿐만 아니라 마음까지도 돌보며 10대 때 했던 서원처럼 온전히 예수님을 따르는 삶을 살아 냈습니다.

1959년과 1962년 각각 20대의 꽃다운 나이에 방문한 소록도에서 43년을 한센인과 함께하다 어느덧 할머니가 된 그녀들은 노환으로 몸이 불편해진 후 소록도에 불편을 주기 싫다는 편지를 남기고 2005년 오스트리아로 출국했습니다. 사람들은 그녀들을 수녀로 알았기에 43년간 그녀들이 병원에서 무보수 봉사를 해도 생계와 노후를 수녀회에서 모두 지원하는 것으로 생각했습니다. 하지만 실은 재속회원(수도자의 삶을 사는 평신도)으로 정식 수녀가 아니었기에 그녀들은 후원을 받아 생활비를 충당했고, 귀국 후에는 수녀원이 아닌 친척 집에서 거주하고 있다는 사실이 뒤늦게 알려졌습니다.

간호사였던 그녀들이 한국에서 보낸 숭고한 삶이 현지에 알려진 후 오스트리아의 간호사 중에서 선배 간호사였던 그녀들의 삶을 따르겠다는 사람이 나왔고, 한국의 소록도 병원에서도 그녀들의 정신을 본받아 외국으로 떠난 사람이 나오는 등 제2, 제3의 마리안느와 마가렛이 또 다른 소외된 땅으로 떠났습니다.

환자들을 43년 동안 사랑으로 섬긴 두 수녀가 소록도의 친구들에게 남긴 편지는 이렇게 끝을 맺습니다.

"이 편지를 보는 당신에게 많은 사랑과 신뢰를 받아서 하늘만큼 감사합니다. 우리는 부족한 외국인으로서 큰 사랑과 존경을 받아서 대단히 감사드립니다. 이곳에서 같이 지내며 저희 부족으로 마음 아프게 해드렸던 일을 이 편지로 미안함과 용서를 빕니다. 여러분에게 감사하는 마음은 큽니다. 그 큰마음에 우리가 보답할 수 없어 하느님께서 우리 대신 감사해 주실 겁니다. 항상 기도 안에서 만납시다."

두 번째 이야기는 한 군사 작전에서 시작됩니다. 2011년 1월 15일 선원 21명이 승선한 대한민국 화물선 삼호주얼리호가 인도양에서 소말리아 해적들에게 피랍되었습니다. 해적의 본거지로 끌려가던 배를 석해균 선장이 목숨을 걸고 엔진에 고장을 내서 이동을 지연시키는 동안 인근에서 급파된 우리나라 청해부대의 UDT/SEAL팀이 1월 21일 급습해 해적 8명을 사살하고 5명을 생포하는 동시에 선원 모두를 구출하는 큰 성과를 거두었습니다. 다행히 인질로 잡힌 선원들은 모두 안전하게 구조되었으나 선장은 교전이 일어난 후 화가 난 해적이 쏜 총에 복부 등 6발의 관통상을 당해 생명이 지극히 위태로운 상황이 되었습니다.

구출 작전의 성공과 함께 선장의 위중한 소식이 알려지자 한국에서 의료진이 급파되었습니다. 현지에 도착한 담당 의사에 의하면, 몸 곳곳에서 고름이 나올 만큼 상태가 너무 심각해 신속히 한국으로 이송해 치료받는 것이 시급한 상황이었습니다. 환자의 이송을 위해 비행기에서 응급 수술이 가능한 에어앰뷸런스 운영 회사와 어렵게 연결되었으나 이송비로 약 4억 정도의 큰 금액이 청구되기에, 회사는 계약금을 입금하거나 국가의 지급 보증을 요구했습니다.

이송비 지급에 대한 정부의 답변이 지연되는 중 선장의 몸 상태가 계속 나빠지면서 더는 기다릴 시간이 없다고 판단한 담당의는 주위의 반대를 무릅쓰고 자신이 책임지겠다는 사인을 한 문서를 팩스로 보내고 우여곡절 끝에 비행기가 이륙했습니다.

2011년 1월 29일 밤 11시경 성남공항에 도착한 선장은 우리나라에서 빅 5로 불리는 유명 병원들이 밀집한 서울이 아닌 수원의 아주대병원으로 이송되었습니다. 생명이 경각에 달린 위급한 환자가 왜 성남공항에서 가까운 서울의 유명 병원으로 가지 않고 상대적으로 더 멀고 덜 유명한 수원으로 이송되었을까요? 이 질문에 대한 대답은 책 읽는 것을 멈추고 잠시 생각해 보세요.

선장은 삶과 죽음의 경계를 넘나들다 입원 288일째인 2011년 11월 4일 마침내 모든 치료를 끝내고 퇴원했습니다. 당시 언론은 담당 의사를 총상 전문의로 보도했으나 정작 본인은 자신을 현장 노동자의 중증외상을 치료하던 의사라 소개하며 이렇게 말했습니다.

"노동자는 외상으로 죽을 확률이 화이트칼라보다 20배 이상 높습니다. 내 환자

중에는 건설 현장과 공장의 노동자들이 많습니다. 공장에서 고속으로 회전하는 볼트가 사고로 사람의 배에 박히면 장기가 다 파열되고 프레스에 눌리면 내장이 터집니다. 저는 그런 환자들을 치료해 왔습니다."

그는 평소 '환자는 돈 낸 만큼 치료받는 것이 아니라 아픈 만큼 치료받아야 한다'라는 자신의 신념에 따라 주로 큰 사고를 당한 현장의 노동자들이 실려 오는 응급의학과에서 생명이 꺼져 가는 환자를 살리기 위해 노력했습니다. 심각한 총상으로 대형 병원에서도 맡기를 꺼릴 만큼 생명이 위급했던 석 선장을 담당하게 된 그는 치료 과정의 온갖 어려움과 주위 억측까지도 무릅쓰며 치료하

이국종 교수 ⓒ 아주대학교병원

다 과로로 눈 모세혈관이 파열되었습니다. 2014년 세월호 구조 현장에서 오른쪽 어깨가 부러지는 사고들을 겪으면서도 응급 환자를 위해 1년에 200-300회 닥터헬기로 출동하는 그는 외상외과 전문의 이국종 교수입니다.

2011년 발생한 석해균 선장 사건은 우리나라의 부실한 응급의료 체계에 큰 변화를 주었습니다. 당시 OECD 33개국 중 의료진이 탑승해 출동하는 닥터헬기와 중증외상환자의 치료를 위한 거점센터가 없는 유일한 국가였던 우리나라는 사건 이후 2012년 5월 일명 이국종법으로 불리는 '중증외상센터 설립을 위한 응급의료에 관한 법률 개정안'이 통과되었고, 11월 한국 최초로 5곳의 권역외상센터가 출범했습니다.

이국종법은 2024년 현재 전국 17곳의 권역외상센터와 7대의 닥터헬기를 운영하고 이를 통해 예방 가능한 외상사망률(중증외상환자가 적시에 치료를 받지 못해 사망한 비율)이 2010년 35.2%에서 2019년 15.7%로 줄어들 만큼 많은 생명을 구하고 있습니다.

유튜브 참고 영상
- "마리안느와 마가렛의 사랑과 봉사의 이야기"(채널명: 소록도 마리안느와 마가렛)
- "[가치들어요] 이국종 교수(2020.8.18.)"(채널명: MBN)

※ 이국종 교수에 대한 영상은 세바시 영상 등을 함께 보는 것을 추천합니다.

2. 성경으로 바라보기

　죄가 세상에 들어온 이후 모든 영역은 타락했으며, 이것은 보건·의료 영역도 마찬가지입니다. 신생아 수술 중 동료와의 말싸움으로 화가 나서 나가 버린 의사, 마취 중인 여성 환자를 추행한 의사, 더 많은 돈을 벌기 위해 비의료인이 수술을 하는 일명 대리수술로 환자에게 돌이킬 수 없는 후유증을 남긴 의사 등 히포크라테스 선서와 양심을 저버린 의사로 인해 고통받는 이들이 적지 않습니다.

　창세기 1장 31절, "하나님이 지으신 그 모든 것을 보시니 보시기에 심히 좋았더라"라는 하나님의 말씀은 보건·의료 영역에서도 회복되어야 합니다. 이 땅의 의료인들을 향한 하나님의 말씀을 함께 읽어 봅시다.

> "예수께서 들으시고 이르시되 건강한 자에게는 의사가 쓸데없고 병든 자에게라야 쓸데 있느니라"(마 9:12).

> "예수께서 이르시되 네 마음을 다하고 목숨을 다하고 뜻을 다하여 주 너의 하나님을 사랑하라 하셨으니 이것이 크고 첫째 되는 계명이요 둘째도 그와 같으니 네 이웃을 네 자신같이 사랑하라 하셨으니 이 두 계명이 온 율법과 선지자의 강령이니라"(마 22:37-40).

사람과 문화 만나기 활동 노트

❶ 관심 별점   ☆ ☆ ☆ ☆ ☆   (10점 기준)

❷ 어휘 정리

❸ 한 줄 요약

❹ 생각 정리

   1) 소개된 영역에서 배울 점과 느낀 점은 무엇인가요?

   2) 소개된 영역에는 어떤 성품이나 가치관(직업윤리)이 필요할까요? 왜 그렇게 생각하나요?

   3) 내가 주인공(또는 관련 인물)이라면 어떤 마음이 들었을까요? 그리고 어떻게 행동했을까요?

   4) 소개된 영역의 내용으로 친구들과 함께 생각할 질문 하나를 만들어 보세요.

❺ 배경지식 확장

   예) 다미안 신부, 이태석 신부, 응급의료법, 권역외상센터, 우생학, AI의사 왓슨, Dr. Answer 등

❻ 진로 탐색하기

   롤 모델:사람 특허를 없애 소아마비를 없앤 의사, 조나스 에드워드 소크

   롤 모델:문화 맥도날드식 백내장 수술로 가난한 사람을 치료하는, 아라빈드병원

   진로 미디어:다큐 "중증외상센터 트라우마 이국종 교수", EBS 명의(2013.8.30.)

   진로 미디어:도서 『소록도의 마리안느와 마가렛』, 성기영, 위즈덤하우스

❼ 성경으로 바라보기

   1) 하나님이 이 영역을 만드신 목적은 무엇일까요? 그리고 이 영역은 사람의 죄로 인해 어떻게 무너졌나요?

   2) 이 영역에서 무너진 곳이 다시 회복되어 하나님의 나라가 이루어지도록 기도해요.

자연 · 운송 · 서비스

자연을 보존하고 사회가 원활하게 동작하도록

1. 롤 모델과 만나기

1985년 11월 14일 오후, 남중국해를 지나는 한 참치잡이 원양 어선은 파도 가운데 금방이라도 부서질 것 같은 낡은 목선을 발견했습니다. 멀리서 배를 향해 간절히 구조의 손길을 흔드는 사람들이 보트피플(Boat People, 월남의 패망을 전후하여 해로를 통해 탈출한 베트남의 난민)임을 직감한 전제용 선장은 깊은 고민에 빠졌습니다.

당시 국제사회는 공산화된 베트남을 떠나는 보트피플에게 우호적이지 않았고, 북한과 6·25전쟁을 겪은 대한민국 역시 공산화된 베트남 출신 사람들을 반기지 않았기 때문입니다. 더구나 회사에서는 "보트피플을 보더라도 무시하라"라는 지시를 출항 전에 이미 했기에, 선장은 고민하다 선원들을 모아 회의를 했습니다. 회사 지시에 따르자는 것이 다수 의견이었지만 모르는 척 지나가면 작은 목선이 곧 침몰해 사람들이 목숨을 잃게 될 것이 분명했기에 결국 선장은 자신의 책임 아래 구조를 결정했습니다.

배 위에 있던 10여 명만 생각했던 구조 작업은 갑판 아래에서 사람들이 끝없이

베트남 보트피플

나오며 총 96명을 구조하고 마쳤습니다. 배와 사람들의 상태는 생각보다 심각했습니다. 좁은 공간에 많은 사람을 태우기 위해, 마치 벽돌을 쌓는 것같이, 한 명이 앉을 자리에 아빠가 앉고 그 위에 엄마가, 그 위에 자녀가 앉아 배는 이미 중량의 몇 배나 초과한 상태였습니다. 더구나 갑판이 해수면과 불과 30cm 정도의 여유밖에 없는 상태에서 기관 고장으로 표류하고 있었기에 만약 큰 파도가 한 번만 쳐도 배는 침몰될 상황이었습니다.

설상가상으로 식량마저 떨어져 사람들은 사흘을 굶었고, 일부는 질병으로 치료가 시급했으며, 심지어 지뢰에 발목이 잘린 아동도 있었습니다. 선장은 난민들의 구조 사실을 본사에 알린 후 여성과 아이를 위해 선원의 침실을 내주고 노인과 환자는 선장실로 옮긴 후 정성껏 치료하며 보살폈습니다.

사람들의 치료에 바쁜 와중에 회사의 지시 전문이 도착했습니다. "난민을 무인도에 내려 주고 선장과 선원만 귀국할 것"이라는 지시였습니다. 지시에 따르지 않을 시 불이익이 있다는 것을 알았지만 선장은 다음과 같이 회신했습니다.

"난민을 하선할 수 없다. 첫째, 이미 구조한 난민을 버릴 수 없고 둘째, 국제해사법(國際海事法)상 조난 선박 구조는 의무이며, 셋째, 난민을 무인도에 하선할 시 국제 문제가 될 수 있다. 이후 난민의 하선을 지시하는 부당한 명령에는 따르지 않겠다."

마침내 11월 29일 대한민국 부산에 입항한 보트피플은 난민 캠프에서 1년 반을 보낸 후 그들을 받아 주는 다른 나라들로 출국했습니다.

난민들은 하선 이후 선장을 다시 만나지 못하고 헤어졌는데, 난민 대표로 선장과 소통했던 피터 누엔은 미국으로 간 후 생명의 은인이자 베트남에 두고 온 가족 때문에 괴로워하던 자신을 따뜻하게 위로해 준 선장을 잊지 못하고 찾기 시작했습니다. 긴 수소문 끝에 17년 만에 선장과 연락이 된 그는 선장의 편지를 받고 그간의 사정을 알게 되었습니다. 편지에는 부산항 도착 후 선장과 선원 모두는 해고당했고, 정부 기관에서 모진 조사를 받은 후 난민 캠프에 가지 않도록 지시를 받았으며, 사건 이후 선원들과 달리 회사 지시를 거부한 선장은 부르는 곳이 없었기에 고향에서 멍게 양식업을 한다는 내용이 담겨 있었습니다.

이후 피터 누엔은 선장을 미국으로 초청해 만났고, 자신의 안위보다 사람들의 생명을 먼저 생각하고 구조한 이 행동은 17년 만에 언론을 통해 세상에 알려져 감동을 주었습니다. 구조된 베트남 난민들이 UN난센상(난민구호·원조에 기여한 개인 및 단체에게 유엔이 수여하는 상)에 선장을 추천해 그는 대한민국 최초로 2009년 UN난센상 후보가 되었습니다. 후에 "어떻게 그렇게 행동할 수 있었나?"라는 질문에 선장은 담담히 말했습니다.

"내가 아니더라도 누구든지 그들을 구했을 것입니다."

하지만 그날 간절히 손을 흔드는 보트피플을 외면하고 지나간 배는 모두 25척이었으며, 26번째 만난 전제용 선장의 광명 87호만 그들의 손을 붙잡았습니다. UNHCR(유엔난민기구)에 따르면, 1975년 베트남의 공산화 이후 숙청을 피해 10여 년간 베트남을 탈출한 보트피플은 약 150만 명이며 그중 구조받지 못하고 사망한 사람들은 약 70만 명으로 추정됩니다.

두 번째 이야기는 1950년 6·25전쟁으로 시작합니다. 소련의 지원을 받은 북한군이 하루 만에 서울을 점령하는 등 국군은 심각한 열세에 몰렸습니다. 6월 27일 UN의 참전 결정 이후 국군은 UN군과 함께 북진해 10월 29일에는 압록강과 두만

강 인근까지 진출했지만, 중공군의 참전으로 전세가 바뀌었습니다.

수십 년의 항일전쟁과 국공내전의 실전을 거친 30만의 중공군은 북한 대부분을 다시 점령했습니다. 예상치 못한 중공군의 참전과 영하 20도를 넘는 강추위로 고전하던 국군과 UN군은 함경남도 흥남부두에 집결해 철수하기로 했습니다. 당시 흥남 인근에는 그리스도인들이 많이 살았고 공산당 통치 아래 있다가 국군과 UN군이 들어오자 환영하며 군인들을 도왔던 다른 지역 사람들도 많았는데, 이들은 공산정권 아래에서 처형당할 것이 뻔했기에 철수하는 군인들을 따라 끝없이, 끝없이 흥남부두로 모여들었습니다.

군인들의 철수 작전을 위해 흥남에 모인 193척의 배에 병력 10만 5,000명, 차량 1만 7,500대, 군수품 35만 톤이 실리는 동안 약 20만에 달한 피난민들은 군인들을 도우며 영하의 칼바람 속에서 자신들을 구조해 주길 기다렸습니다. 하지만 그들의 바람과 달리 민간인 구조 계획은 처음부터 없었습니다. 이에 미군 통역관 현봉학 박사가 피난민 구조를 간청하나 전투 병력과 군수물자 수송이 가장 중요하다며 거절당했습니다.

"우리를 도와준 사람들이 위험에 처했습니다. 이들을 모르는 척하는 것은 너무 잔인합니다. 제발 도와주십시오."

피난민을 위한 현봉학 박사의 끈질긴 요청과 한국군 1군단장 김백일 장군 역시 "한국군은 중공군과 싸우며 걸어갈 테니 피난민을 태워 달라"고 간곡히 요청해 결국 구조 명령이 떨어졌습니다. 이를 위해 어선과 화물선 등 한반도 인근에서 이용 가능한 모든 배가 흥남부두로 모이게 되었습니다. 화물선 매러디스 빅토리호도 이때 일본에서 흥남으로 오게 되었는데, 선장 레너드 라루는 그가 본 흥남부두를 이렇게 말했습니다.

"나는 쌍안경으로 비참한 광경을 보았다. 피난민들은 이거나 지거나 끌 수 있는 모든 것을 가지고 항구로 몰려들었고, 그 들 옆에는 병아리처럼 겁에 질린 아이들이 있었다."

군인과 피난민을 태운 다른 배들은 모두 출항했고 매러디스 빅토리호가 12월 22일 부두에 남은 마지막 배였기에 선장은 주저

매러디스 빅토리호

없이 이미 선적한 모든 화물을 버리고 배의 곳곳에 사람들을 태우기 시작했습니다. 피난민의 승선 시간을 확보하기 위해 미 3사단은 이미 인근까지 접근한 중공군과 교전을 벌였는데, 이때 3명의 미군이 전사했습니다. 이들의 남모를 희생 위에 매러디스 빅토리호는 배 정원 60명의 무려 233배가 넘는 1만 4,000명의 피난민을 가득 태우고 흥남 앞바다에 설치된 기뢰들 사이로 출항했습니다.

배는 피난민 외에도 3,000톤의 기름이 실려 있었기에 만약 기뢰와 부딪치면 한 순간에 폭발하는 참극이 발생할 수 있었습니다. 하지만 배는 무사히 3일간의 항해를 마치고 12월 24일 크리스마스이브에 거제도에 도착했습니다. 훗날 이 배는 항해 중 태어난 5명의 아이를 포함해 세계 역사에서 가장 많은 생명(1만 4,005명)을 구한 '기적의 배'로 기네스북에 등재되었습니다. 선장은 훗날 그 항해에 대해 이렇게 고백했습니다.

"저는 때때로 그 항해에 대해서 생각합니다. 어떻게 그렇게 작은 배가 그렇게 많은 사람을 태울 수 있었는지, 그리고 어떻게 한 사람도 잃지 않고 그 끝없는 위험들을 극복할 수 있었는지 생각합니다. 그러면 그해 크리스마스에 황량하고 차가운 한국의 바다 위에서 하나님의 손길이 제 배의 키를 잡고 계셨다는 명확하고 틀림없는 메시지가 저에게 옵니다."

항해를 통해 하나님의 손길을 경험한 레너드 라루 선장은 전쟁이 끝난 1956년

마리너스 라루 수사가 되어 뉴톤 수도원에서 매일 한국을 위해 기도하며 47년을 조용하고 겸손하게 살아갔습니다. 2000년 그가 있는 수도원이 수사와 재정 문제로 문을 닫을 위기에 빠지자 노년의 마리너스 수사는 병상에서 마음 아파했는데, 이 소식을 들은 한국의 왜관수도원(매러디스 빅토리호에 구조된 피난민이 사제가 된 수도원)에서 "라루 선장의 은혜를 갚습니다"라고 전하며 한국인 수사들을 보내 수도원의 운영을 돕기로 했습니다. 마리너스 수사는 2001년 10월 12일, 뉴톤 수도원이 다시 운영된다는 기쁜 소식을 듣고 이틀 후인 10월 14일 평안하게 하나님의 품에 안겼습니다.

유튜브 참고 영상
- "[그대가 꽃] 전제용 선장 1부, 2부"(2015.4.20-27.)(채널명: KBS LIFE)
- "[역사채널e] 희망의 크리스마스 항해 흥남철수작전"(2014.12.26)(채널명: EBS Culture)

2. 성경으로 바라보기

죄가 세상에 들어온 이후 모든 영역은 타락했으며, 이것은 자연·운송·서비스 영역도 마찬가지입니다. 배가 침몰하는 상황에서 승객을 구조하기는커녕 "가만히 있으라"고 방송한 후 정작 자신은 제일 먼저 도망을 가 무고한 304명의 승객을 희생시킨 선장, 술에 취한 기장이 여객기를 조종해 승객 88명 전원이 사망한 사고 등 권리는 누리나 책임은 다하지 않는 사람들로 인해 많은 이들이 아픔을 겪었습니다.

창세기 1장 31절, "하나님이 지으신 그 모든 것을 보시니 보시기에 심히 좋았더라"는 하나님의 말씀은 운송 영역에서도 회복되어야 합니다. 마리너스 수사에게 어느 날 한국에서 함께 배를 탔던 선원이 자녀와 함께 방문했습니다. 아이는 아빠에게 들었던 '크리스마스 기적'의 놀라운 이야기에 대해 수사에게 질문했습니다. "어떻게 그런 행동을 할 수 있었나요?"

　아이에게 했던 답변이자 마리너스 수사가 생전에 가장 좋아했던 말씀을 함께 읽어 봅시다.

　"사람이 친구를 위하여 자기 목숨을 버리면 이보다 더 큰 사랑이 없나니"(요 15:13).

❶ 관심 별점　　☆ ☆ ☆ ☆ ☆　　(10점 기준)

❷ 어휘 정리

❸ 한 줄 요약

❹ 생각 정리

　1) 소개된 영역에서 배울 점과 느낀 점은 무엇인가요?

　2) 소개된 영역에는 어떤 성품이나 가치관(직업윤리)이 필요할까요? 왜 그렇게 생각하나요?

　3) 내가 주인공(또는 관련 인물)이라면 어떤 마음이 들었을까요? 그리고 어떻게 행동했을까요?

　4) 소개된 영역의 내용으로 친구들과 함께 생각할 질문 하나를 만들어 보세요.

❺ 배경지식 확장

　예) 베트남 공산화 과정, 보트피플, 유엔난민기구, 국공내전, 1950년 장진호 전투와 흥남철수작전 등

❻ 진로 탐색하기

　| 롤 모델:사람 | 납치범들의 석방을 거부하고 비행기 승객들과 끝까지 함께한 파일럿, 바코 기장
　| 롤 모델:문화 | 임산부와 교통약자를 위한 행복한 택시, 100원 택시
　| 진로 미디어:영화 | "설리: 허드슨강의 기적"(Sully, 2016), 클린트 이스트우드, 12세 관람
　| 진로 미디어:도서 | 『생명의 항해』, 안재철, 자운각

❼ 성경으로 바라보기

　1) 하나님이 이 영역을 만드신 목적은 무엇일까요? 그리고 이 영역은 사람의 죄로 인해 어떻게 무너졌나요?

　2) 이 영역에서 무너진 곳이 다시 회복되어 하나님의 나라가 이루어지도록 기도해요.

고민 많은
크리스천 청소년을 위한
꿈 찾기 안내서

4장

하나님이 주신 꿈 만나기

하나님이 … 모든 것을 그 종류대로 만드시니 하나님이 보시기에 좋았더라
하나님이 이르시되 … 우리가 사람을 만들고 …
모든 것을 다스리게 하자 하시고 하나님이 그들에게 복을 주시며 …
이르시되 … 다스리라 하시니라(창 1:25-28).

고민 많은
크리스천 청소년을 위한
꿈 찾기 안내서

하나님을 만나며 나를 만나고
죄로 어두워진 세상에 빛을 비추는 사람과 문화를 만나며
여기까지 왔습니다.
그리고 지금까지 만난 사람과 문화를 통해
우리 마음에는 어떤 울림이 있었습니다.
이제는 진로 여행의 마지막 시간입니다.
마음속에 전해진 그 울림으로 내가 나아갈 세상을 바라보고
나를 통해 또 다른 누군가에게 따뜻한 울림이 전해지길 기대합니다.
마치 누룩이 퍼지듯이,
누군가의 수고와 헌신으로 복음이 확장되었듯이
우리의 삶을 통해 하나님 나라가 이 땅에 임하길 기도합니다.

01
미래에는 어떤 직업이 생길까?

"애플은 오늘부로 휴대전화를 재창조할 것입니다."

2007년 맥월드(Macworld) 콘퍼런스에서 선언한 스티브 잡스의 말처럼, 아이폰은 휴대전화의 이전과 이후를 나누고 세상을 바꾸었습니다. 모토로라의 다이나텍이 1973년 처음 등장한 이후 수십 년 동안 이어진 휴대전화에 비해, 아이폰과 같은 스마트폰은 선보인 지 불과 10년이 안 되어 산업 생태계에도 변화를 주었습니다. 이렇게 21세기의 우리는 기술이 사회를 이끌어 가는 시대에 살고 있는데, 여러분이 대학을 졸업할 10여 년 후에는 어떤 시대가 되어 있을까요?

2016년과 2018년, 한국과 일본에서 열린 세미나에서 강사로 초청된 박영숙 유엔미래포럼 대표와 손정의 소프트뱅크 회장은 다음 사진 두 장을 청중에게 보여 주었습니다.

 서로 다른 사진 같지만, 사진 속 장소는 모두 뉴욕 애비뉴 5번가입니다. 1900년에 찍은 왼쪽의 사진에서 5번가는 말이 끄는 마차들로 가득합니다. 아직 자동차가 등장하기 전이라서 그런 것 같지만, 사실 자동차는 약 130년 전부터 존재했습니다. 1771년 프랑스의 니콜라 조제프 퀴뇨(Nicolas Joseph Cugnot)가 최초의 증기기관 자동차를 만들었고, 1886년 독일의 카를 벤츠는 현재 우리가 사용하는 가솔린 자동차를 만들었습니다. 하지만 경제성 등의 문제로 자동차보다는 마차가 주된 운송 수단으로 사용되었습니다.

 그러나 2차 산업혁명 시기에 전기를 이용한 컨베이어 시스템이 등장하자 세상은 바뀌었습니다. 1908년 컨베이어를 이용한 대량 생산으로 가격을 낮춘 헨리 포드의 T형 자동차가 등장한 지 불과 5년 만에 1913년 5번가는 오른쪽 사진과 같이 마차가 아닌 포드의 자동차로 채워졌습니다.

 이렇듯 혁신적인 신기술의 등장은 산업의 흐름에 큰 영향을 끼칩니다. 여러분이 꿈을 준비할 때 지금 당장 사람들이 선호하거나 중요하게 여기는 산업과 기술을 아는 것도 필요하지만, 10-15년 후 대학을 마치고 사회에 나갈 즈음의 미래를 전망하는 것은 더욱 중요합니다.

 미래 사회와 기술을 전망하는 내용은 발표 주체와 시기에 따라 차이가 있습니다. 이에 대해 말하기 전에 산업과 경제의 주요 변화 동인이었던 1-4차 산업혁명을 간략히 알아보겠습니다. 이후 국제기구인 세계경제포럼(World Economic Forum)과 경제협력개발기구(OECD)에서 발표한 국외 자료 두 건과 우리나라 미래창조과학부에서 발간한 국내 자료 한 건 등 총 세 건의 보고서를 토대로 여러분이 만날 미래의 직업 세계를 소개하겠습니다.

1. 산업혁명의 이해

18세기는 세계사적으로 중요한 두 혁명이 일어난 시기입니다. 첫 번째는 정치의 변화로서, 기존의 왕정을 무너뜨리고 공화정을 선포해 근대 국가가 등장하게 한 프랑스의 시민혁명입니다. 두 번째는 산업의 변화로서, 증기기관 같은 기계의 발명으로 기존의 농업사회에서 공업사회로 사회·경제의 구조가 이동하게 한 영국의 산업혁명입니다.

증기기관과 같은 기계 혁명이 이끈 변화를 1차 산업혁명, 전기의 보급으로 대량 생산이 가능해진 변화를 2차 산업혁명, 컴퓨터와 인터넷 기반의 지식정보혁명을 3차 산업혁명이라 부르며, 현재 우리는 정보통신기술로 이루어지는 초연결, 초지능, 초융합의 4차 산업혁명 시대를 살아가고 있습니다.

산업혁명이 사회·경제에 미친 영향을 아는 것은 우리가 맞이할 미래 사회의 이해에도 도움을 줍니다. 다음 표를 보면, 각 산업혁명을 주도한 나라들은 당시 선진국이 되었고, 주요 이슈가 세계에 등장한 시기와 우리나라에 등장한 시기를 비교하면 1-3차까지는 우리가 비록 늦었지만 4차에서는 큰 차이가 나지 않으며, 어떤 분야는 우리가 세계를 선도하고 있음을 알 수 있습니다. 이 사실들은 우리가 산업혁명의 의미를 알아야 할 주요 이유이며, 여러분이 미래를 준비할 때 고려해야 할 점입니다.

	1차 산업혁명	2차 산업혁명	3차 산업혁명	4차 산업혁명
시기	1784년	1870년	1969년	2011년
주도국	영국	미국, 독일	미국, 일본	독일, 미국 등
주요 기술	증기기관, 방적기	전기, 전동기(모터)	컴퓨터, 반도체	AI, 로봇, 바이오 등
개요	영국에서 발명된 증기기관으로 시작된 기계화 혁명	전기의 발명과 보급으로 시작된 대량 생산 혁명	컴퓨터와 인터넷 기반의 지식정보혁명	디지털 기술에 기반한 각 공간과 기술들이 융합되는 시대
핵심 산업	면방직 산업	자동차, 중화학, 철강	인터넷, 컴퓨터, 반도체	AI, 로봇, 생명과학
영향 (경제·기술·사회 등)	• 증기기관 활용, 섬유공업의 거대 산업화 • 농업에서 공업사회로 발전하며 농민 등이 공장 노동자로 변화 • 자본가의 등장	• 전기의 등장으로 컨베이어 시스템 등장 • 대기업 중심의 성장 • 후발공업국의 산업화 • 자본가 영향력 증대 • 기술 의존도 심화	• 인터넷·정보통신기술 우위의 IT 기업 등장 • 자동화에 따른 노동력 대체 및 감소 • 벤처기업 등장 • 경제의 글로벌화	• 물리적·사이버 공간 결합과 사람·사물·공간 연결 • AI, 로봇으로 노동자 대체, 감소
세계 주요 이슈	세계 최초 기차 (1804년)	세계 최초 자동차 (1886년)	세계 최초 인공위성, 소련 스푸트니크 1호 (1957년)	세계 최초 AI 의사 '왓슨'(2015년)과 AI 변호사 '로스' (2016년)
우리나라 주요 이슈	한국 최초 철도 (1899년)	한국 최초 자동차 (1955년)	한국 최초 인공위성, 우리별 1호(1992년)	한국 최초 AI 의사 '앤서'(2020년)와 AI 변호사 '유렉스' (2018년)

2. 세계경제포럼

'4차 산업혁명'이란 말을 처음 사용한 곳은 세계경제포럼(World Economic Forum, WEF)입니다. WEF는 세계 경제에 대해 토론하고 연구하는 국제 민간 회의로, 스위스 다보스에서 열리기에 다보스포럼(Davos Forum)으로도 불립니다.

2016년 WEF는 인류가 4차 산업혁명이라는 새로운 시대에 접어들었다고 말하며 "직업의 미래"(The Future of Jobs) 보고서를 발표했습니다. 미래 사회의 동인과 앞으로 증가할 직업과 사라질 직업 등을 분석한 이 보고서는 사회에 큰 반향을 일으켰고, 현재까지도 각종 자료에서 인용됩니다.

WEF는 2년마다 직업의 미래 보고서를 발표하고 있는데, 2020년 보고서에 따르면 팬데믹으로 이전의 예측보다 더 빨리 기업이 근로자를 해고하고 자동화로 대체하며 2025년까지 일자리의 창출은 둔화되고 파괴가 가속화될 것으로 예측합니다. 여기서는 2020년 보고서를 일부 인용했는데, 세부 내용은 보고서를 참조하세요(www.weforum.org/reports/the-future-of-jobs-report-2020/in-full).

수요가 증가할 직업

1. 데이터 분석가 및 과학자
2. AI 및 머신러닝 전문가
3. 빅데이터 전문가
4. 디지털 마케팅 및 전략 전문가
5. 공정 자동화 전문가
6. 비즈니스 개발 전문가
7. 디지털 전환 전문가
8. 정보 보안 분석가
9. 소프트웨어 및 애플리케이션 개발자
10. IoT(사물인터넷) 전문가
11. 프로젝트 관리자
12. 비즈니스 서비스 관리자
13. 데이터베이스 및 네트워크 전문가
14. 로봇공학자
15. 전략적 어드바이저
16. 관리 및 조직 분석가
17. 핀테크 엔지니어
18. 기계 수리공
19. 조직 개발 전문가
20. 위기관리 전문가

수요가 감소할 직업

1. 데이터 입력 점원
2. 관리직 임원 비서
3. 회계, 부기 및 급여 담당자
4. 회계사 및 감사원
5. 조립 및 공장 근로자
6. 비즈니스 서비스 관리자
7. 고객 정보 및 고객 서비스 직원
8. 총무 담당 관리자
9. 기계 수리공
10. 자재 기록 및 재고 보관 사무원
11. 금융 애널리스트
12. 우체국 직원들
13. 도매 및 제조 영업 사원
14. 관리 매니저
15. 은행 창구 직원
16. 방문 판매, 신문 및 노점상
17. 전기 및 통신 설치, 수리업체
18. 인적 자원 전문가
19. 교육 및 개발 전문가
20. 건설 노동자

3. 경제협력개발기구

1996년 우리나라가 29번째 회원국으로 가입한 경제협력개발기구(OECD)는 소속 회원국의 경제적 협력을 증진하고 세계 경제의 질서를 논의하는 국제 경제 기구이며 2-3년마다 "과학기술혁신전망"(OECD Science, Technology and Innovation Outlook, STI Outlook) 보고서를 발표하고 있습니다.

2021년 과학기술혁신전망 보고서는 "위기와 기회의 시대"(Times of crisis and opportunity)를 주제로 코로나19 위기 대응을, 2018년 보고서는 사회·경제적 주요 변화에 대한 정책적 대응을 담았습니다. 2016년 보고서는 "과학, 기술, 혁신에 영향을 미치는 메가트렌드"(Megatrends affecting science, technology and innovation)를 주제로, 향후 10-20년간 전 세계적으로 중대한 영향을 미칠 8대 글로벌 메가트렌드와 10대 미래 기술 등을 발표했습니다. 여기서는 2016년 보고서를 일부 인용했는데, 세부 내용은 보고서를 참조하세요(doi.org/10.1787/sti_in_outlook-2016-en).

8대 글로벌 메가트렌드	주요 내용
1. 인구 변화	세계 총인구 증가, 노령화사회의 대두, 노동 시장 및 국제적 이주
2. 천연자원 및 에너지	혁신의 가능성, 농업, 식품 및 수자원, 에너지
3. 기후 변화 및 환경	국제적 조율, 연구 전략, 다중참여자 관점
4. 세계화	국제적 R&D 협력, 기업 R&D, 인력의 이동
5. 정부의 역할	과학과 혁신 관계, 정부 역량, 비정부 참여자
6. 경제, 고용 및 생산성	미래 생산성, 디지털 기술, 미래 고용
7. 사회	사회 의제 및 과학기술혁신 정책, 사회 내 과학·혁신 적응, 도시화의 소비
8. 건강, 불평등, 삶의 질	혁신과 불평등, 보건 및 의료 부문의 혁신

다음은 캐나다, 독일, 영국, 러시아, EU 등에서 분석한 미래 유망 기술 목록을 정리한 것입니다. 공통적인 40개 기술 중 유망도에 따라 주요 4대 분야와 10대 기술을 선정한 자료입니다.

4대 주요 분야	10대 기술
1. 디지털 분야	인공지능, 빅데이터, 사물인터넷(IoT), 블록체인
2. 바이오 분야	신경 기술, 합성 생물학
3. 신소재 분야	나노 소재, 적층 가공 기술
4. 에너지 및 환경 분야	나노 마이크로 위성, 첨단에너지 저장

4. 대한민국 미래창조과학부

미래창조과학부는 과학기술기본법을 근거로 1994년 이후 5년마다 미래 사회에 필요한 과학기술을 예측 및 조사한 "과학기술예측조사" 보고서를 발간하고 있습니다. 2021년 현재 제6회 과학기술예측조사 연구가 진행되고 있습니다.

2017년 발표된 제5회 과학기술예측조사 보고서는 2040년까지 미래 사회의 5대 메가트렌드와 40개 트렌드 및 24개 주요 기술의 기술확산점(Tipping Point, 기술이 사회에 급속도로 확산하는 시점) 등을 분석했습니다. 여기서는 2017년 보고서를 일부 인용했는데, 세부 내용은 보고서를 참조하세요(www.kistep.re.kr, 상단 검색창에서 "제5회 과학기술예측조사"로 검색. 한국과학기술기획평가원[KISTEP]은 과학기술 진흥의 기여를 목적으로 설립된 국가과학기술계획수립과 국가연구개발사업의 조사·분석 및 평가 등의 사업을 수행하는 정부 출연 공공기관입니다).

| 미래 24개 주요 기술과 기술확산점 예상 도달 시기 |

No.	기술	기술확산점 예상 시기 세계	기술확산점 예상 시기 국내	No.	기술	기술확산점 예상 시기 세계	기술확산점 예상 시기 국내
1	멀티콥터 드론	20년(미국)	24년	7	스마트 그리드	22년(미국)	24년
2	스마트 팩토리	20년(독일)	25년	8	초고용량 배터리	22년(미국)	24년
3	실감형 가상·증강 현실	20년(미국)	24년	9	극한성능용 탄소섬유 복합재료	22년(일본)	26년
4	사물인터넷	21년(미국)	23년	10	롤러블 디스플레이	23년(한국)	23년
5	3D 프린팅	21년(미국)	24년	11	희소금속 리사이클링	23년(일본)	26년
6	빅데이터 활용 개인 맞춤형 의료	21년(미국)	25년	12	웨어러블형 보조 로봇	23년(미국)	27년

No.	기술	기술확산점 예상 시기		No.	기술	기술확산점 예상 시기	
		세계	국내			세계	국내
13	자율주행 자동차	23년(미국)	28년	19	지능형 로봇	24년(미국)	28년
14	포스트 실리콘 반도체	24년(미국)	26년	20	인공장기	24년(미국)	29년
15	인지 컴퓨팅	24년(미국)	27년	21	양자 컴퓨팅	25년(미국)	31년
16	CO_2 포집·저장	24년(미국)	28년	22	뇌-컴퓨터 인터페이스	25년(미국)	32년
17	유전자 치료	24년(미국)	28년	23	인공광합성	26년(미국)	30년
18	줄기세포	24년(미국)	28년	24	초고속 튜브 트레인	28년(미국)	33년

5. 미래에 필요한 직업 역량

지금까지 국제기구와 우리나라의 보고서를 통해 미래에 수요가 늘어날 직업과 줄어들 직업(WEF, 직업의 미래 2020 보고서), 미래의 8대 글로벌 메가트렌드와 4대 주요 분야(OECD, 과학기술혁신전망 2016 보고서), 미래 24개 주요 기술과 기술확산점 예상 도달 시기(미래창조과학부, 제5회 과학기술예측조사 2017 보고서)를 알아보며 미래의 직업 세계를 전망해 보았습니다.

그렇다면 미래에는 어떤 직업 역량이 필요할까요? 세계경제포럼은 복잡한 문제를 푸는 능력, 비판적 사고 능력, 창의력, 사람을 관리하는 능력, 협업하는 능력을 꼽았습니다. 우리나라 미래창조과학부는 획일적이지 않은 문제를 인식하는 역량, 다양성의 가치를 조합해 대안을 도출하는 역량, 기계와의 협력적인 소통 역량이 필요하다고 이야기합니다.

미래에 필요한 역량은 제시하는 기관이나 학자마다 조금씩 다르지만, 크게는 문제를 해결하는 능력과 다른 사람들과 함께 일할 수 있는 능력 두 가지로 분류할 수 있습니다. 두 기관에서 제시한 역량들은 다음과 같이 구분할 수 있습니다.

1) 문제를 해결하기 위한 역량: 비판적 사고, 창의력, 문제 인식 능력, 문제 풀이 능력, 대안 제시 능력
2) 함께 일할 수 있는 역량: 대인관계 능력, 공감 능력, 협업하는 능력, 소통하는 능력

이 범주에 제시된 능력 중에서 나의 강점으로 생각되는 부분에 동그라미를 그려 보세요. 나는 어떤 능력이 강점이고, 어떤 부분이 약점일까요? 다음 빈칸에 정리해 보고 나의 부족한 부분을 어떻게 보완하면 좋을지도 함께 생각해 보세요.

● 나의 강점:
_____
_____

● 나의 약점:
_____
_____

다만, 미래를 바라보는 나의 시선을 미래에 필요한 능력이나 막연한 걱정에 맞추지 마세요. "너희를 향한 나의 생각을 내가 아나니 평안이요 재앙이 아니라 너희에게 미래와 희망을 주는 것이니라"(렘 29:11)라고 말씀하시는 하나님께 향하고, 그분이 나를 위해 창세전부터 "내게 줄로 재어 준 구역 … 아름다운 곳"(시 16:6)을 기대하며 기도하고 걸어가기를 바랍니다.

6. 배움을 넘는 기도

미래 사회의 주요한 변화 요인과 유망 분야, 기술 등을 알아보고 미래에 필요한 역량도 생각해 보았습니다. 배움을 통해 어떤 마음이 들었나요? 자신에게 하고 싶은 이야기를 쓰거나 하나님께 드리고 싶은 이야기를 기도로 표현해 보세요. 여러분이 작성한 기도문으로 기도하고 배움을 마칩니다.

02
내 마음을
울리는 영역은?

1. 내 마음속 울림

우리는 9개 영역에서 사람들의 죄로 왜곡되고 무너진 하나님의 나라를 회복하고 있는 다양한 사람들과 문화를 만났습니다. '3장 사람과 문화 만나기'에 기록했던 영역별 별점을 다음 표에 옮겨 적으며 나의 마음에 울림을 주었던 영역을 정리해 보세요.

분야	내용	별점
1. 정치 · 법 · 공공	• 대한민국 초대 대법원장, 가인 김병로 • 약자를 위한 인권 변호사, 조영래	
2. 경제 · 경영 · 금융	• 세상을 바꾸는 윤리적인 소비, 공정무역	
3. 교육	• 아이들과 떠난 세상에서 가장 아름다운 소풍, 야누슈 코르착	
4. 인문 · 사회 · 언론	• 세상을 바꾼 「보스턴글로브」의 탐사보도팀, 스포트라이트 • 노숙자를 위한 잡지, 「빅이슈」	
5. 문화 · 예술 · 스포츠	• 소외된 90%를 위한 디자이너, 빅터 파파넥 • 나눔의 철학으로 세상을 디자인하는, 배상민	

6. 사회복지 · 교회	• 소외된 이웃들과 함께한 목자, 한경직 • 나치에 반대한 독일의 행동하는 양심, 디트리히 본회퍼	
7. 과학 · 공학 · 기술	• 정신과 의사에서 적정기술의 아버지로 불리는, 폴 폴락 • 에너지를 만드는 축구공과 눈을 지키는 스마트폰	
8. 보건 · 의료	• 43년을 함께한 푸른 눈의 소록도 간호사, 마리안느와 마가렛 • "환자 이송비 4억 4,000만 원 내가 내겠습니다", 이국종	
9. 자연 · 운송 · 서비스	• 한국인 1만 4,005명을 구한 기적의 배의 선장, 레너드 라루 • 베트남인들이 추천한 UN 난센상 후보, 전제용	

9가지 영역 중 별점이 높은 영역들은 나의 관심 영역이 될 수 있습니다. 별점을 높게 준 3가지의 영역에서 별점이 가장 높거나 평소에 관심이 많았던 영역 한 가지를 선택하세요.

● 내가 선택한 영역:

2. 생각 정리하기

"우리 인간 삶의 모든 영역에서 만유의 주재이신 그리스도께서 '나의 것이다!'라고 외치지 않으시는 영역은 한 뼘도 없습니다!"

네덜란드의 수상이자 신학자였던 아브라함 카이퍼가 1880년 암스테르담 자유대학교 개교 연설에서 외친 이 선언처럼, 하나님이 만드신 창조 세계에는 해와 달과 같은 자연 세계뿐 아니라 여러분이 선택할 진로와 미래의 모든 직업 영역도 포함됩니다.

하나님은 나의 마음이 가는 이 영역을 왜 만드셨을까요? 그리고 사람들의 죄로 인해 그 영역은 어떻게 왜곡되었나요? 또 어떻게 하면 하나님이 만드신 창조의 목적대로 회복될 수 있을까요? 다음 질문을 읽으며 자신의 생각을 정리한 후 같은 영역에 관심이 있는 친구들과 함께 생각을 나누어 보세요.

1) _____ 영역에 대한 나의 생각

❶ 나는 어떤 이유로 이 영역에 관심을 갖게 되었나요?
❷ 하나님은 어떤 목적으로 이 영역을 만드셨을까요?
❸ 사람들의 죄로 인해 이 영역에서 왜곡된 모습은 무엇인가요?
❹ 이 영역을 회복하기 위해 사람들은 어떻게 행동했나요?
❺ 하나님이 만드신 목적대로 이 영역이 회복되도록 나는 뭘 할 수 있을까요?
  • 현재: 학생으로서 할 수 있는 일
  • 미래: 그 분야(직업)에 종사하며 할 수 있는 일

관심 영역이 같은 친구들과 함께 모둠을 만들고, 하나님이 이 영역에서 이루기 원하시는 것을 함께 생각해요. 그리고 이 영역에 대한 친구들의 다양한 생각과 의견을 하나로 모아 발표하세요.

2) _____ 영역에 대한 우리의 생각

❶ 하나님은 어떤 목적으로 이 영역을 만드셨을까요?
❷ 사람들의 죄로 인해 이 영역에서 왜곡된 모습은 무엇인가요?
❸ 이 영역을 회복하기 위해 사람들은 어떻게 행동했나요?
❹ 하나님이 만드신 목적대로 이 영역이 회복되도록 우리는 뭘 할 수 있을까요?

- 현재: 학생으로서 할 수 있는 일
- 미래: 그 분야(직업)에 종사하며 할 수 있는 일

3. 회복을 위한 우리의 행동

하나님이 다양한 영역을 만드신 목적과 그 영역이 죄로 무너진 모습들, 그리고 그 영역을 아름답게 회복하기 위해 행동하는 사람들에 대한 친구들의 나눔을 다음 표에 정리해 보세요.

9 영역	하나님이 만드신 목적	죄로 인해 왜곡된 모습	회복을 위한 사람들의 행동	회복을 위한 우리의 행동
1. 정치·법·공공	예) 정의와 질서, 공의와 사랑, 하나님 통치의 위임	예) 관료주의, 권력 남용	예) 노예제를 폐지한 정치가, 윌리엄 윌버포스	
2. 경제·경영·금융	예) 정직한 경영과 소득, 이웃과 나눔, 생명을 살림	예) 물질만능주의, 속임수	예) 가난한 사람을 위한 은행, 그라민 은행	
3. 교육	예) 지혜와 지식의 전달, 인간에 대한 존중과 사랑	예) 지식 강조, 학벌 중심	예) 어린이에게 교육을 선물하는 NGO, 약속의 연필	
4. 인문·사회·언론	예) 통찰력, 사회를 이해하고 건강하게 만듦, 사실과 가치 전달	예) 인본주의, 가짜뉴스	예) 숨겨진 진실을 알린 기자, 위르겐 힌츠페터	
5. 문화·예술·스포츠	예) 아름다움과 즐거움을 누림, 건강한 생활	예) 우상화, 중독, 경쟁, 방종	예) 세상을 바꾸는 영화 파티시펀트미디어, 제프 스콜	

6. 사회복지 · 교회	예) 하나님 사랑과 이웃 사랑, 섬김과 나눔	예) 차별과 무시, 종교 권력화	예) 가난한 이의 집을 지어 주는 운동, 해비타트 운동	
7. 과학 · 공학 · 기술	예) 과학을 통한 하나님의 발견, 피조 세계의 이해, 따뜻한 기술	예) 과학만능주의, 생명 파괴 기술	예) 환경을 살리는 플라스틱, 생분해성 플라스틱	
8. 보건 · 의료	예) 생명 존중과 사랑, 치유와 치료	예) 이윤 중심, 생명 경시	예) 생명을 살리는 사람들, 국경없는의사회	
9. 자연 · 운송 · 서비스	예) 자연과 조화를 이루는 개발과 이용, 책임감과 섬김	예) 자연 훼손, 이기주의	예) 사회적 가치를 담은 착한 여행, 공정여행	

4. 배움을 넘는 기도

나의 관심 영역과 그 영역을 만드신 하나님의 목적, 그리고 사람들의 죄로 인한 타락과 회복에 대해 알아보았습니다. 배움을 통해 어떤 마음이 들었나요? 자신에게 하고 싶은 이야기를 쓰거나 하나님께 드리고 싶은 이야기를 기도로 표현해 보세요. 여러분이 작성한 기도문으로 기도하고 배움을 마칩니다.

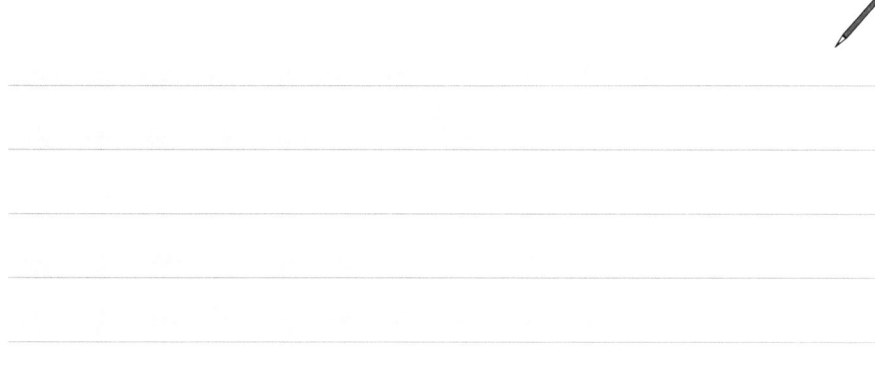

03

진로 활동 맵과
꿈 스펙트럼

하나님이 주신 꿈을 만나는 과정에서 수행한 다양한 활동을 기록으로 남기지 않으면 그 '경험'은 필요할 때 사용되지 못하고 나만 기억하고 마는 옛 '추억'이 됩니다. 하지만 기록으로 남기면 경험은 '자료'가 되어 여러분이 꿈을 만날 때뿐 아니라 진학할 때 진정성 있게 진로를 준비한 여러분의 노력을 보여 줄 것입니다. 여기서 배우는 '진로 활동 맵'과 '꿈 스펙트럼'을 활용해 여러분의 경험을 자료로 꼭 남겨 보세요.

1. 진로 활동 맵

진로 활동은 온라인과 오프라인에서 다양한 형태의 자료로 남길 수 있습니다. 다음은 지면의 제한으로 선생님이 오프라인에서 사용하는 진로 활동 맵의 9개 영역 중 1-4영역까지만 예시한 것입니다. 각 항목의 세부 내용은 다음 페이지 설명을 참조하세요.

		1. 정치·법·공공	2. 경제·경영·금융	3. 교육	4. 인문·사회·언론
진로 활동 및 관심 점수	활동 6			직업인 인터뷰 (교사)	
	점수			8	
	활동 5			칸아카데미 봉사 (교육콘텐츠 번역)	입시과정 조사 (언론학과)
	점수			9	8
	활동 4	부모님 대화 (변호사)		미래 교실 체험 (교사)	빅이슈코리아 봉사 (빅돔)
	점수	6		8	9
	활동 3	로파크 체험 (검사)	센코노믹스 (경제학자)	야누슈 코르착 (교사)	파주출판도시 체험 (출판인)
	점수	8	4	9	7
	활동 2	재심 (변호사)	부모님 대화 (애널리스트)	불굴카의 일기 (교사)	스포트라이트 (기자)
	점수	8	5	9	8
	활동 1	롤 모델(김병로) 발표 (대법관)	전경련 체험 (경영인)	롤 모델(코르착) 발표 (교사)	롤 모델(풀리처상) 발표 (언론인)
	점수	9	7	10	9
9 영역		1. 정치·법·공공	2. 경제·경영·금융	3. 교육	4. 인문·사회·언론
합계 (횟수/평균)		4 / 7.7	3 / 5.3	6 / 8.8	5 / 8.4

※ 진로 활동 맵 예시

1) 진로 활동 및 관심 점수

진로 활동에는 진로 미디어(진로와 관련된 영화, 강연, 뮤지컬, 연극, 도서, 전시회 등의 미디어) 경험, 진로 체험(잡월드 등), 진로와 연계된 봉사, 진로 조사(롤 모델 및 직업·진학 준비 과정 조사), 인터뷰·대화(부모님, 직업인, 대학생 등)와 같은 다양한 활동이 있습니다.

맵의 〈활동〉에는 여러분이 했던 진로 활동의 명칭과 활동을 통해 알게 된 직업을 구체적으로 기록합니다. 예를 들어 영화 "스포트라이트"를 보며 기자에 대해 알게 되었다면 〈활동〉에 '스포트라이트(기자)'로 기록하며, 부모님과 변호사의 업무와 직업윤리 등에 대해 깊이 있는 대화를 나누었다면 '부모님 대화(변호사)'로 기록하면 됩니다.

맵의 〈점수〉에는 진로 활동 후 해당 직업에 대해 느낀 주관적인 '관심이나 감동' 혹은 '마음속의 울림' 등을 1-10점으로 표현합니다. 단, 주의할 점은 〈점수〉는 책이나 영화를 본 후 내가 느낀 재미를 인터넷 별점으로 남기듯 평가하는 것이 아니라는 점입니다.

이 점수는 진로 활동을 한 후 나중에 내가 그 직업에 종사한다면 '내가 행복하게 이 일을 할 수 있을까?' 또는 '내 마음이 두근거리거나 어떤 울림이 있을까?'를 생각하며 주는 점수입니다. 내가 그 직업에 종사하며 하게 될 일들이 '자기 일에 즐거워하고'(전 3:22), "하나님의 선물"(전 5:19)로서 나의 삶을 행복하게 하는 공간과 시간이 될 것 같으면 10점을 주고, 만약 그 직업이 나에게 '가시덤불과 엉겅퀴 가운데 땀을 흘리는'(창 3:18-19) 수고의 현장만 될 것 같으면 1점을 주세요.

2) 9 영역

이 책은 한국고용정보원에서 발간하는 한국고용직업분류(KECO)가 분류한 35가지 직업을 9개의 진로 영역으로 재분류했습니다.

1. 정치 · 법 · 공공   2. 경제 · 경영 · 금융   3. 교육
4. 인문 · 사회 · 언론   5. 문화 · 예술 · 스포츠   6. 사회복지 · 교회
7. 과학 · 공학 · 기술   8. 보건 · 의료   9. 자연 · 운송 · 서비스

3) 합계

〈합계〉에는 1년 동안의 진로 활동을 마친 후 지난 시간을 되돌아보고 향후 진로 계획을 세우는 데 활용하도록 영역별 진로 활동의 '횟수'와 '점수의 평균'을 기록합니다. 1년 동안의 진로 활동을 마친 후 〈합계〉의 기록을 보면 올 한 해 나의 마음이 갔던 영역과 진로 활동의 편향성도 함께 알 수 있습니다. 만약 〈합계〉에 일부 영역 위주의 기록만 있다면 진로 활동 편향성이 높은 편이니 가급적 중학교 시기까지는 다양한 영역의 활동을 계획하고 실천해 보세요.

계획을 세울 때 유용한 팁은 여러분이 사용하는 플래너의 〈학기 계획〉에 '3가지 이상 영역에서 진로 활동하기'와 같은 구체적인 목표를 기록하는 것입니다. 측정할 수 있는 목표를 세운 후 그것을 〈월간 계획〉에 반영하면, 목표에 대한 구체적인 시기와 내용이 있기에 나중에 평가와 피드백이 가능하고 균형 잡힌 진로 활동을 할 수 있습니다.

진로
- 진로활동맵 기록하기.   ☐
- 월 1회 추천 진로미디어 감상.   ☐
- 3가지 이상의 다양한 분야 진로미디어 감상.   ☐

※ 플래너 〈학기 계획〉에 기록한 진로 활동 계획 예시

선생님이 추천하는 또 다른 팁은 진로 활동 맵을 여러분의 플래너에 삽입하는 것입니다. 플래너에 진로 영역을 만들고 그 부분에 삽입하면 진로 활동을 기록하기도 쉽고 관리하기도 편리합니다. 이렇게 몇 년간 진로 활동 맵이 누적되면 고등학교나 대학 진학을 앞두고 진로를 결정할 때 의미 있게 참고할 수 있는 나만의 값진 기록이 됩니다(진로 활동 맵에 활용할 포트폴리오용 A4 용지와 플래너용 A5 용지는 선생님의 블로그에서 다운받을 수 있습니다).

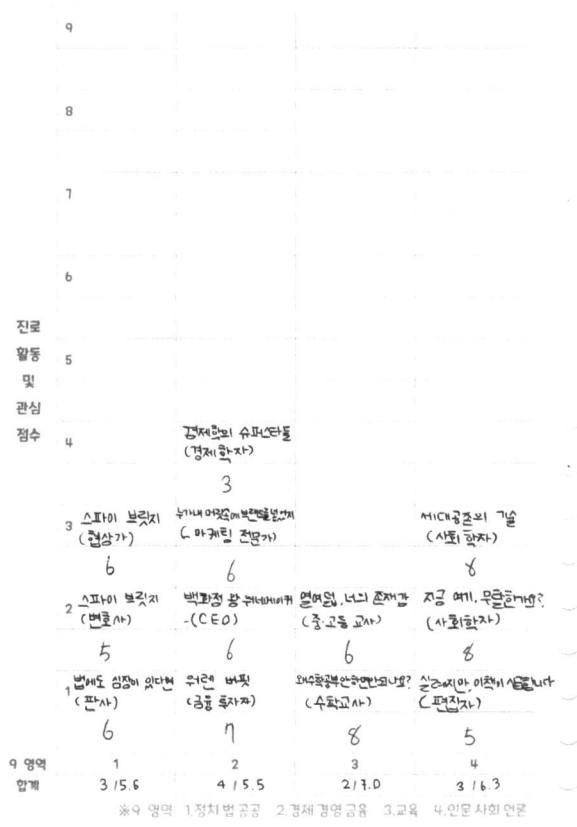

※ 플래너에 삽입해 기록한 진로 활동 맵 예시

4) _____년 진로 활동 맵

※ 진로 활동: 진로 미디어(영화 · 도서 · 강연 등), 진로 체험, 진로 연계 봉사, 진로 조사(롤 모델 · 직업 · 진학), 인터뷰 · 대화(부모님 등)

진로 활동 및 관심 점수									
10									
9									
8									
7									
6									
5									
4									
3									
2									
1									
9 영역	1	2	3	4	5	6	7	8	9
합계	/	/	/	/	/	/	/	/	/

※ 1. 정치 · 법 · 공공   2. 경제 · 경영 · 금융   3. 교육   4. 인문 · 사회 · 언론   5. 문화 · 예술 · 스포츠
6. 사회복지 · 교회   7. 과학 · 공학 · 기술   8. 보건 · 의료   9. 자연 · 운송 · 서비스

2. 꿈 스펙트럼

학생들과 이야기하다 보면 진로를 고민할 때 직업의 사회적 지위나 자신의 주관적인 관심은 무척 중요하게 생각하지만, 정작 해당 직업에 어떤 능력이나 가치관 등이 필요한지는 모르는 경우가 많았습니다. 많은 이가 "사람의 전통과 세상의 초등학문"(골 2:8)을 진로 선택의 기준으로 삼지만, 우리의 기준은 하나님의 말씀과 은혜입니다. 하나님은 우리에게 '모든 것을 다스리라'(창 1:28) 말씀하셨고 그 일을 감당할 "은혜의 선물"(엡 3:7)도 함께 주셨는데, 은혜의 선물이란 바울이 말했듯 우리가 "각각 하나님께 받은 자기의 은사"(고전 7:7)입니다.

하나님이 나에게 선물로 주신 은사는 그분이 나를 통해 다스리고 회복하기 원하시는 "내게 줄로 재어 준 구역"(시 16:6)으로 인도하는 나침반입니다. 다음 설명을 참조해 꿈 스펙트럼에 진로 선택의 주요 요소인 관심 분야와 흥미·능력·가치관을 정리해 보세요. 마치 무지개의 스펙트럼처럼 하나님이 여러분에게 선물로 주신 은혜의 스펙트럼이 보일 것입니다.

1) 꿈 스펙트럼 채우기

다음 페이지 꿈 스펙트럼 상단의 왼쪽 〈주관적 분야〉에는 이 책에 소개된 9개 영역의 롤 모델 이야기를 읽거나 진로 활동을 하며 내 마음을 움직였던 3개 영역을 다음 표와 같이 빗금이나 진한 색으로 표시하고, 해당 영역의 관심 직업을 1-2가지 기록합니다. 오른쪽 〈객관적 분야〉에는 '2장 나와 만나기'에서 실시한 진로 선택의 세 가지 요소(흥미·능력·가치관) 검사 결과 중 순위가 높은 항목과 그 항목의 관심 직업을 1-2가지 기록합니다.

- 흥미: 커리어넷 직업흥미검사(H)의 결과 중 상위 흥미 유형 3개
- 능력(적성): 커리어넷 직업적성검사의 결과 중 상위적성(능력) 3개
- 직업가치관: 워크넷 직업가치관검사의 결과 중 높음 이상의 가치 요인

※ 상위 3개의 점수가 동점일 경우 아래 표의 흥미 예시와 같이 4개를 기록할 수 있습니다.

주관적 분야(관심)	객관적 분야(검사 결과)		
9 영역	흥미(직업흥미검사 H)	능력(직업적성검사)	가치관(직업가치관검사)
1. 정치·법·공공	R 현장형	신체 운동	성취
2. 경제·경영·금융		손재능	봉사
3. 교육 중등교사	I 탐구형 교육 연구원	공간지각	개별 활동
		음악	직업 안정 교사, 엔지니어
4. 인문·사회·언론	A 예술형 작가, 뮤지션	창의력 작가	변화 지향
5. 문화·예술·스포츠 작가		언어 작가	몸과 마음의 여유 교사
	S 사회형 교사, 상담가	수리 논리	영향력 발휘 관리자
6. 사회복지·교회		자기성찰 교사	지식 추구
7. 과학·공학·기술 IT 엔지니어/컨설턴트	E 진취형 고위 임원, 컨설턴트, 교장	대인관계	애국
			자율
8. 보건·의료	C 사무형	자연친화	금전적 보상
9. 자연·운송·서비스		예술시각	인정 연주가
			실내 활동 관리자

※ 꿈 스펙트럼 – 관심 분야와 흥미·능력·가치관 예시

2) 꿈 스펙트럼 활용하기

꿈 스펙트럼 하단의 〈나의 관심 직업〉에는 상단의 '주관적 분야'와 '객관적 분야'에 기록한 관심 직업 중 공통으로 기록했거나 나에게 잘 맞을 것 같은 직업을 3가지 정도 기록합니다. 다음 설명을 참조해 커리어넷과 워크넷에서 해당 직업을 검색한 후 그 직업에 필요한 〈흥미〉, 〈능력〉, 〈가치관〉 요인을 찾아 기록합니다.

나의 관심 직업	관심 직업의 주요 요소			직업 적합성
	흥미(워크넷)	능력(커리어넷)	가치관(워크넷)	
중등교사				
작가				
IT 컨설턴트				

※ 꿈 스펙트럼 – 나의 관심 직업 예시

(1) 흥미 · 가치관 기록하기

워크넷(www.work.go.kr)에서 〈직업 · 진로〉를 선택하면 다음과 같은 직업 검색창이 나타납니다.

※ 워크넷 – 세상의 모든 직업 검색

세상에는 정말 많은 직업이 있지만, 여기서는 학교에서 늘 만나는 '선생님'이라는 직업을 한번 알아볼까요? 키워드 검색창에 '교사'를 입력하면 교사와 관련된 119건의 다양한 직업 정보가 나타납니다.

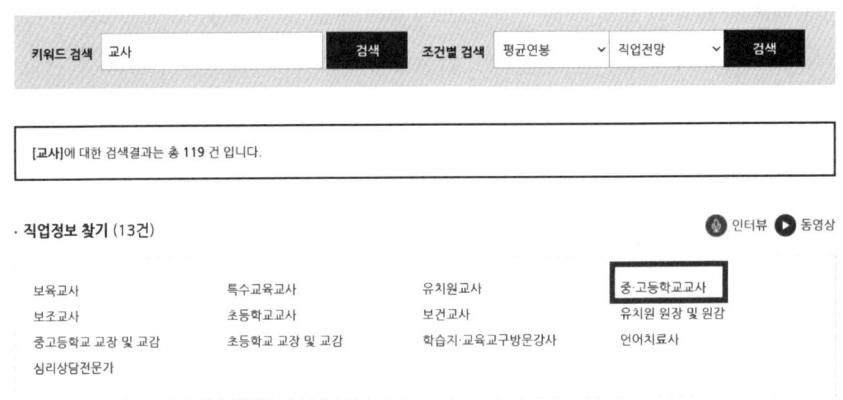

※ 워크넷 '교사' 검색 결과

검색 결과 중 첫 번째로 보이는 〈직업정보 찾기〉에서 학생들의 관심이 많은 '중·고등학교 교사'를 선택해 보겠습니다. 해당 직업을 선택하면 세부 정보들이 나타나는데, 그중 〈성격/흥미/가치관〉을 보면 중등교사에게 필요한 흥미와 가치관의 세부 항목을 알 수 있습니다.

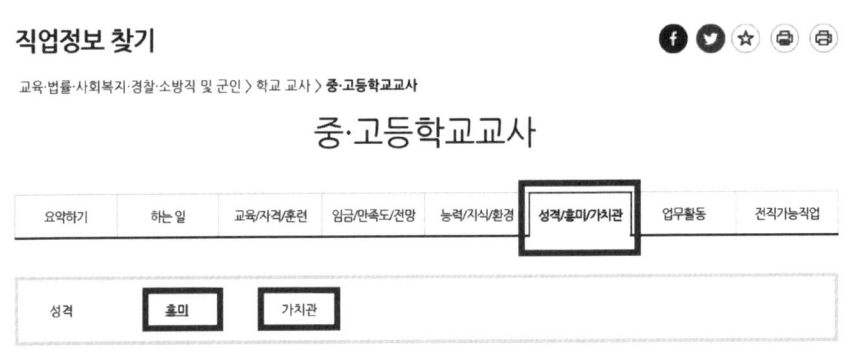

※ 워크넷 '중·고등학교교사' 검색 결과

흥미와 가치관의 중요도를 구분하는 기준은 〈직업 내 비교〉와 〈직업 간 비교〉가 있는데, 각 요소를 백분위로 비교해 상위 요소 선정에 활용하기 쉬운 〈직업 간 비교〉를 이용합니다.

백분위	항목	설명
98	사회형(Social)	다른 사람들을 훈련시키고, 발달시키고, 치료해주기 위한 활동들을 선호하고, 자료나 도구 혹은 기계를 포함하는 명확하고 체계적인 활동을 싫어하는 경향이 있다. 이러한 경향성은 사회적 및 교육적 능력에서의 능력을 획득하게 하는 반면에 조작, 기계, 농경, 전기 및 기술적인 능력들에서는 결함을 보여준다
80	관습형(Conventional)	자료에 대한 명확하고, 질서정연하며 체계적인 조작을 필요로 하는 활동들을 선호하고, 모호하고, 자유스러우며, 탐색적이고, 체계적이지 않은 활동들을 싫어하는 경향이 있다. 이러한 경향성은 사무적이고 계산적인 능력을 획득하게 하는 반면에 예술적인 능력에서는 결함을 보여준다.
60	예술형(Artistic)	예술적 형태를 창조해내는 신체적, 언어적 활동이나 자유스러우며 체계화되지 않은 활동들을 선호하고 분명하고 체계적이고 질서정연한 활동을 싫어하는 경향이 있다. 이러한 행동경향성은 예술적인 능력을 획득하게 하는 반면에 사무적인 능력의 결함을 보여준다.
53	진취형(Enterprising)	조직적인 목표나 경제적인 이익을 얻기 위한 다른 사람과의 상호작용 활동을 선호하고, 관찰적이고, 상징적이며, 체계적인 활동을 싫어하는 경향이 있다. 이러한 경향성은 리더십, 대인관계 능력 및 설득적인 능력을 획득하게 하는 반면에 과학적인 능력에서 결함을 보여준다.
50	탐구형(Investigative)	물리적, 생물학적 혹은 문화적 현상들에 대해 호기심을 가지고 관찰하는 것을 즐기며, 상징적이고 체계적이고 창조적인 활동을 요하는 조사나 연구 활동을 선호하고 설득적이고 사회적이며 반복적인 활동을 혐오하게 한다. 이러한 행동경향성은 과학적이고 수학적인 능력을 갖게 하는 반면에 설득적 능력에서는 결함이 나타난다.
14	현실형(Realistic)	사물, 도구, 기계 및 동물들에 대한 명확하고 질서정연하며 체계적인 조작을 필요로 하는 활동들을 선호하고, 교육적이거나 치료적 활동을 싫어하는 경향이 있다. 이러한 경향성은 조작, 기계, 농경, 전기 및 기술적인 능력들을 획득하게 하는 반면에 사회적 능력 및 교육적 능력에서는 결함을 보여주게 된다.

※ 워크넷 중·고등학교 교사의 흥미 중요도 〈직업 간 비교〉 결과

〈흥미〉를 선택해 나타난 위 항목 중 순위가 높은 항목과 백분위(사회형 98, 관습형 80, 예술형 60)를 다음 페이지의 표처럼 〈흥미〉에 기록하고, 〈가치관〉도 같은 방법으로 기록합니다. 〈흥미〉와 〈가치관〉의 세부 항목 중 꿈 스펙트럼에 옮기는 것은 상위 3위의 흥미 유형과 가치관 13개 중 상위 30%인 4개의 가치관이며, 다음 페이지 표의 〈가치관〉처럼 백분위가 동점일 경우 4개 이상이 될 수 있습니다.

나의 관심 직업	관심 직업의 주요 요소			직업 적합성
	흥미(워크넷)	능력(커리어넷)	가치관(워크넷)	
중등교사	S 사회형(98) C 사무형(80) A 예술형(60)		이타(98) 애국(97) 심신 안녕(96) 고용 안정(95) 타인에 영향(95)	
작가				

※ 꿈 스펙트럼(하단) – 관심 직업의 주요 요소(흥미 · 가치관) 예시

(2) 능력(적성) 기록하기

커리어넷(www.career.go.kr)에서 〈직업 정보〉를 선택하면 다음과 같은 직업 정보 검색창이 나타납니다.

※ 커리어넷 '직업 정보' 검색 결과

키워드 검색창에 '교사'를 입력합니다. 검색 결과 중 첫 번째 카테고리인 〈직업 정보〉에서 '인문계중등학교 교사'를 선택했습니다.

※ 커리어넷 〈직업 정보〉에서 '인문계중등학교 교사' 선택 후, '핵심 능력' 확인 결과

인문계중등학교 교사의 세부 정보 중 〈직업개요〉에 소개된 〈핵심능력〉을 아래 표처럼 〈능력〉에 기록합니다. 다른 관심 직업도 이와 동일하게 기록합니다.

나의 관심 직업	관심 직업의 주요 요소			직업 적합성
	흥미(워크넷)	능력(커리어넷)	가치관(워크넷)	
중등교사	S 사회형(98) C 사무형(80) A 예술형(60)	언어능력 자기성찰능력	이타(98) 애국(97) 심신 안녕(96) 고용 안정(95) 타인에 영향(95)	
작가				

※ 꿈 스펙트럼(하단) - 관심 직업의 주요 요소(능력) 예시

이제 드디어 꿈 스펙트럼을 만드는 가장 중요한 이유인 〈직업적합성〉 단계입니다. 직업적합성은 특정 직업에 필요한 흥미, 능력, 가치관의 주요 요소를 파악한 후, 나의 흥미, 능력, 가치관 검사 결과와 서로 비교해 직업의 특성과 나의 특성이 어느 정도 일치하는지 가늠해 보는 단계입니다.

위 표(꿈 스펙트럼의 하단 예시)와 같이 나의 관심 직업 '중등교사'를 워크넷과 커리어넷에서 검색해 중요도가 높은 기준으로 정리하면, 해당 직업에 필요한 주요 항목은 흥미 3개(S 사회형, C 사무형, A 예술형), 능력 2개(언어 능력, 자기성찰 능력), 가치관 5개(이타, 애국, 심신 안녕, 고용 안정, 타인에 영향)로서 총 10개입니다.

주관적 분야(관심)	객관적 분야(검사 결과)		
9 영역	흥미(직업흥미검사 H)	능력(직업적성검사)	가치관(직업가치관검사)
1. 정치 · 법 · 공공	R 현장형	신체 · 운동	성취
2. 경제 · 경영 · 금융		손 재능	봉사(이타)
			개별활동(개인지향)
3. 교육 중등교사	I 탐구형 교육 연구원	공간지각	직업(고용)안정 교사, 엔지니어
		음악	변화지향(다양성)
4. 인문 · 사회 · 언론	A 예술형 작가, 뮤지션	창의력 작가	몸 · 마음 여유(심신안녕) 교사
5. 문화 · 예술 · 스포츠 작가		언어 작가	영향력 발휘(타인에 영향) 관리자
	S 사회형 교사, 상담가	수리 · 논리	지식추구(지적추구)
6. 사회복지 · 교회		자기성찰 교사	애국
7. 과학 · 공학 · 기술 IT 엔지니어/컨설턴트	E 진취형 고위 임원, 컨설턴트, 교장	대인관계	자율
			금전적 보상(경제적 보상)
8. 보건 · 의료	C 사무형	자연친화	인정 연주가
9. 자연 · 운송 · 서비스		예술시각	실내활동(신체활동) 관리자

※ 꿈 스펙트럼 – 상단 예시, 가치관은 검사 결과지의 가치관 명칭과 워크넷 직업 정보 찾기의 가치관 명칭을 함께 기록

동일 기준으로 정리한 꿈 스펙트럼 상단을 보면 나의 상위 요인은 흥미 4개(I 탐구형, A 예술형, S 사회형, E 진취형), 능력 3개(창의력, 언어능력, 자기성찰능력), 가치관 5개(직업 안정, 몸·마음의 여유/심신 안녕, 영향력 발휘, 인정, 실내활동/신체활동)로 총 12개입니다.

나의 관심 직업	관심 직업의 주요 요소			직업 적합성
	흥미(워크넷)	능력(커리어넷)	가치관(워크넷)	
중등교사	S 사회형(98) C 사무형(80) A 예술형(60)	언어능력 자기성찰능력	이타(98) 애국(97) 심신 안녕(96) 고용 안정(95) 타인에 영향(95)	70% ※(7/10)×100 = 70%

※ 꿈 스펙트럼 – 하단 예시

〈객관적 분야〉의 내 상위 요인과 〈관심 직업의 주요 요소〉에서 요구되는 상위 요인 중 서로 일치하는 항목을 꿈 스펙트럼 하단에서 밑줄로 표현하면 흥미 2개, 능력 2개, 가치관 3개로서 총 7개가 일치합니다. 이 7개의 공통요소를 중등교사의 주요 요소 10개로 나누면 [7/10]×100으로 70%가 나옵니다. 즉, 중등교사의 주요 요소 10개 중 나는 7개가 일치하므로 나와 중등교사의 직업적합도는 70%라고 볼 수 있습니다. 〈나의 관심 직업〉에 기록한 다른 직업들도 같은 방식으로 직업적합성을 구할 수 있습니다.

다만, 직업적합성의 결과는 시행자의 자기 이해도, 진로 성숙도 등에 따라 차이가 날 수 있습니다. 특히 직업가치관은 검사자의 감정이나 처한 상황에 따라 결과가 달라질 수 있으니, 이 점을 꼭 유의해 정기적인(1-2년에 1번) 검사로 나와 관심 직업과의 적합성을 알아보는 데 참고하세요. 이러한 자료들은 고등학교나 대학교 진학 시 의미 있게 참조할 수 있는 나만의 유용한 자료가 될 것입니다.

주관적 분야(관심)	객관적 분야(검사 결과)		
9 영역	흥미(직업흥미검사 H)	능력(직업적성검사)	가치관(직업가치관검사)
1. 정치 · 법 · 공공	R 현장형	신체 · 운동	성취
2. 경제 · 경영 · 금융		손 재능	봉사(이타)
			개별활동(개인지향)
3. 교육 중등교사	I 탐구형 교육 연구원	공간지각	직업(고용)안정 교사, 엔지니어
		음악	변화지향(다양성)
4. 인문 · 사회 · 언론	A 예술형 작가, 뮤지션	창의력 작가	몸 · 마음 여유(심신안녕) 교사
5. 문화 · 예술 · 스포츠 작가		언어 작가	영향력 발휘(타인에 영향) 관리자
	S 사회형 교사, 상담가	수리 · 논리	지식추구(지적추구)
6. 사회복지 · 교회		자기성찰 교사	애국
7. 과학 · 공학 · 기술 IT 엔지니어/컨설턴트	E 진취형 고위 임원, 컨설턴트, 교장	대인관계	자율
			금전적 보상(경제적 보상)
8. 보건 · 의료		자연친화	인정 연주가
9. 자연 · 운송 · 서비스	C 사무형	예술시각	실내활동(신체활동) 관리자

나의 관심 직업	관심 직업의 주요 요소			직업 적합성
	흥미(워크넷)	능력(커리어넷)	가치관(워크넷)	
중등교사	S 사회형(98) C 사무형(80) A 예술형(60)	언어능력 자기성찰능력	이타(98) 애국(97) 심신 안녕(96) 고용 안정(95) 타인에 영향(95)	70% ※(7/10)×100 = 70%
작가	A 예술형(100) I 탐구형(91) S 사회형(61)	창의력 언어능력	개인지향(100) 자율(99) 다양성(99) 신체활동(95) 지적추구(87)	60% ※(6/10)×100 = 60%
IT 컨설턴트	C 사무형(79) I 탐구형(47) E 진취형(42)	창의력 수리논리력	심신의 안녕(92) 애국(82) 개인지향(78) 지적추구(77)	44% ※(4/9)×100 = 약 44%

※ 꿈 스펙트럼 예시

3) _____년 나의 꿈 스펙트럼

주관적 분야(관심)	객관적 분야(검사 결과)		
9 영역	흥미(직업흥미검사 H)	능력(직업적성검사)	가치관(직업가치관검사)
1. 정치 · 법 · 공공	R 현장형	신체 · 운동	성취
		손 재능	봉사(이타)
2. 경제 · 경영 · 금융			개별활동(개인지향)
	I 탐구형	공간지각	직업(고용 안정)
3. 교육		음악	변화지향(다양성)
4. 인문 · 사회 · 언론	A 예술형	창의력	몸 · 마음 여유(심신안녕)
5. 문화 · 예술 · 스포츠		언어	영향력 발휘 (타인에 영향)
6. 사회복지 · 교회	S 사회형	수리 · 논리	지식추구(지적추구)
		자기성찰	애국
7. 과학 · 공학 · 기술	E 진취형	대인관계	자율
8. 보건 · 의료		자연친화	금전적 보상(경제적 보상)
	C 사무형		인정
9. 자연 · 운송 · 서비스		예술시각	실내활동(신체활동)

나의 관심 직업	관심 직업의 주요 요소			직업 적합성
	흥미(워크넷)	능력(커리어넷)	가치관(워크넷)	

3. 꿈 문장 만들기

꿈 스펙트럼 하단의 〈나의 관심 직업〉에 기록한 3개의 직업을 다음 예시와 같이 연관성 있는 직업들로 분류하고 그 직업들의 공통점과 그 직업을 선택한 이유도 함께 기록해 보세요.

- 연관성 있는 직업: 교사, 작가
- 공통점: 말이나 글을 이용해 다른 사람들에게 영향을 줄 수 있다. 교육과 관련이 있다.
- 선택 이유: 말이나 글로 다른 사람이 성장하도록 돕고 그들의 성장을 보는 것에 보람을 느낀다.

- 연관성 있는 직업:
- 공통점:
- 선택 이유:

여러분이 기록한 공통점과 선택 이유를 생각해 보며 다음과 같이 꿈 문장을 만들고 하나님이 여러분에게 주신 꿈을 선포하세요. 꿈 문장에는 '영역과 대상', '가치와 직업'을 포함시키세요.

예) 나는 교육 영역에서 학생들이 하나님이 주신 꿈을 만나도록 돕는 선생님이 되고 싶습니다.

꿈 문장까지 선포한 여러분에게 마지막으로 당부하고 싶은 것은 꿈을 만나는 활동을 책으로만 하지 말라는 것입니다. 선생님 블로그의 진로 탐색 활동 자료를 참고해 롤 모델 발표나 진로 체험과 같은 구체적인 활동으로 꼭 확장해 보세요.

몇몇 학생의 고백이 생각납니다.

"롤 모델을 조사하고 발표하는 활동을 통해 내가 그 자리에 가면 어떤 가치관을 갖고 살아야 할지 생각하게 됐어요."

"수학을 잘해서 공대만 생각하다가 수업을 통해 경영 분야의 진로 체험을 하며 이쪽도 내 적성에 맞다는 것을 알게 됐어요."

이런 고백들이 여러분에게도 이어져 보석처럼 빛나는 청소년 시기에 하나님이 주신 소중한 꿈을 꼭 만나길 소망합니다.

4. 배움을 넘는 기도

진로 활동 맵과 꿈 스펙트럼을 배우고 꿈 문장도 만들었습니다. 배움을 통해 어떤 마음이 들었나요? 자신에게 하고 싶은 이야기를 쓰거나 하나님께 드리고 싶은 이야기를 기도로 표현해 보세요. 여러분이 작성한 기도문으로 기도하고 배움을 마칩니다.

04

하나님이 주신 꿈을 만나는, 꿈 로드맵

1. 꿈 로드맵

하나님이 주신 꿈을 만나는 진로 여행의 마지막 날입니다. 그래서 그동안 배우고 경험한 내용을 토대로 진로 여행을 떠날 때 필요한 지도인 '꿈 로드맵'을 만들 것입니다.

로드맵은 집을 지을 때 필요한 설계도와 같습니다. 만약 우리가 설계도 없이 집을 짓는다면 어떻게 될까요? 아마도 그 집은 거주할 사람의 필요가 잘 반영된 아름답고 효율적인 보금자리가 아닌 투박하고 거친 집이 될 것입니다.

'꿈 로드맵'은 '꿈을 주제로 내 일생 전체를 한 장으로 표현한 그림'입니다. 함께 배우고 활동했던 내용을 토대로 10대에서 청년, 중년, 은퇴 이후까지의 삶을 한 장으로 정리하는 '내 인생의 설계도'입니다. 그동안 만난 9개 영역 중 내 마음에 울림을 준 영역은 무엇이었나요? 시간이 흘러 그 영역에 종사한다면 나는 어떤 사람이 되고 어떤 문화를 만들어 갈지 생각해 보며, 삶의 중요한 시기마다 지닐 목표와 준비할 내용을 로드맵으로 표현해 보세요.

다만, 인생을 걸어갈 때 반드시 세밀하고 구체적인 로드맵이 필요한 것은 아닙니다. 오히려 아브라함이나 요셉, 바울과 같은 성경의 인물들은 자신의 로드맵이 아닌 하나님의 로드맵을 따라 믿음으로 순종하며 걸어가는 삶을 살았습니다. 우리가 로드맵을 만드는 이유는 내가 내 인생의 주인이 되기 위해서가 아니라, 하나님이 나에게 예비하신 꿈을 만나기 위해서입니다.

기억하세요! 내 인생의 로드맵대로 사는 것보다 중요한 것은 하나님의 로드맵에 나의 삶을 온전히 맡기는 것입니다.

> "여호와께서 집을 세우지 아니하시면 세우는 자의 수고가 헛되며 여호와께서 성을 지키지 아니하시면 파수꾼의 깨어 있음이 헛되도다 너희가 일찍이 일어나고 늦게 누우며 수고의 떡을 먹음이 헛되도다 …"(시 127:1-2).

2. 꿈 로드맵 채우기

그동안 배운 내용과 실시한 검사 결과들, 자신이 꿈꾸는 삶을 다음 질문을 따라 정리해 보세요. 만약 특정 질문에 대한 활동 내용이 없으면 그 부분은 생략할 수 있습니다.

문득 제가 공부하던 때가 생각나네요. 저는 힘들 때마다 책상에 붙여 놓은 꿈을 바라보며 힘을 냈습니다. 여러분도 '꿈 로드맵'을 책상에 붙여 놓고 힘들 때마다 바라보고 기도하며 힘을 얻어 하나님이 주신 꿈을 만나길 바랍니다.

1) 내 인생의 말씀

※ 내가 붙잡고 기도하는 약속의 말씀을 적어 보세요.

___
___
___

2) 나의 꿈 문장

※ 영역과 대상, 가치와 직업을 포함시키세요.

예) 나는 교육 영역에서 학생들에게 하나님이 주신 꿈을 만나도록 돕는 선생님이 되고 싶습니다.

___
___
___

3) 나를 이해하기

❶ 장점(약점을 장점으로 바꾼 말을 포함한 나의 장점)

___
___

❷ 흥미 유형:

  능력(적성):

  가치관(직업윤리):

___

4) 삶의 시기별 목표와 주요 내용

※ 시기별 목표, 준비 사항, 이루고 싶은 시기별 주요 경력 등을 기록하세요.
　어려운 부분은 제외할 수 있습니다.

❶ 10대: 중학교 · 고등학교(신앙, 생활, 학업, 진로)

---

❷ 20대: 대학 · 대학원 및 직업(신앙, 생활, 학업, 진로)

---

❸ 30대: 직업 및 삶의 주요 경력

---

❹ 40대: 직업 및 삶의 주요 경력

---

❺ 50대: 직업 및 삶의 주요 경력

_____
_____
_____

❻ 60대: 은퇴 이후 바라는 나의 삶

_____
_____
_____

3. 꿈 로드맵 만들기

꿈 로드맵은 특정한 형식에 얽매이지 않고 다양하게 표현할 수 있습니다. 다음 예시와 같이 글이나 그림, 또는 사진 등을 이용해 자유롭게 만들어 보세요. 다음은 CEO와 패션디자이너가 되고 싶은 학생의 꿈 로드맵입니다.

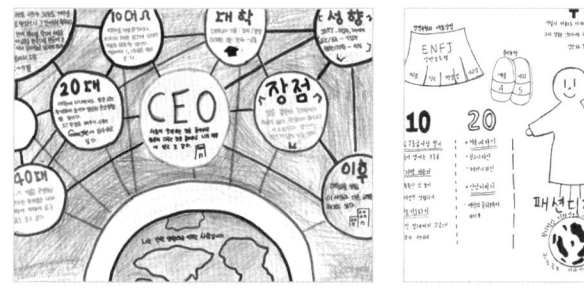

※ 꿈 로드맵 예시

4. 배움을 넘는 기도

꿈 로드맵을 만들며 하나님이 고유하게 빚어 주신 나만의 특성과 꿈을 생각했고, 앞으로 어떤 인생을 살아가고 싶은지도 함께 생각해 보았습니다. 배움을 통해 어떤 마음이 들었나요? 자신에게 하고 싶은 이야기를 쓰거나 하나님께 드리고 싶은 이야기를 기도로 표현해 보세요.

마지막으로, 진로 여행을 마친 여러분. 정말 수고 많았습니다. 때로는 시간이 부족하고 어려운 부분도 있었을 텐데 끝까지 포기하지 않은 여러분을 정말 칭찬합니다. 믿음의 조상 아브라함에게 "너는 … 내가 네게 보여 줄 땅으로 가라 … 땅의 모든 족속이 너로 말미암아 복을 얻을 것이라"(창 12:1, 3)라고 명령하시고 축복하신 하나님은 오늘날 우리에게도 동일하게 말씀하십니다.

『크리스천 십대의 진로 여행』을 통해 이 땅의 보석 같은 청소년들이 하나님이 주신 꿈을 만나길 소망합니다. 아브라함이 그랬던 것처럼 하나님이 보여 주신 그 땅에 가서 그곳을 회복시키고, 만나는 사람들에게 축복의 통로가 되며, 밤하늘의

별처럼 빛나는(단 12:3) 삶을 살기를 축복합니다. 여러분이 작성한 기도문으로 마지막 기도를 드리고 모든 배움을 마칩니다.

참고 자료

직업심리검사

워크넷 청소년 www.work.go.kr

커리어넷 중·고등학생 www.career.go.kr

웹사이트

국제공정무역기구 한국사무소 www.fairtradekorea.org

기독교학교교육연구소 www.cserc.or.kr

(사)빅이슈코리아 bigissue.kr

(사)마리안느와 마가렛 lovemama.kr

소명교육개발원 cedi.modoo.at

한국고용정보원 www.keis.or.kr

e-나라지표 www.index.go.kr

Peek Vision Ltd peekvision.org

"가습기 살균제 참사의 진실 빼앗긴 숨", 사회적참사특별조사위원회 www.humidifier-disinfectant.com/sub-effort03.do

"한국인의 종교 1984-2021 (2) 종교에 대한 인식", 한국갤럽 https://www.gallup.co.kr/gallupdb/reportContent.asp?seqNo=1208

"흥남 철수 작전 성공, 크리스마스의 기적", 국방정신전력원 blog.naver.com/jungsin3560/222596781005

"OECD, 2016년도 과학기술혁신전망 보고서 발표", 국가생명공학정책연구센터 www.bioin.or.kr/board.do?num=266590&bid=policy

"How Fairtrade works", Fairtrade International www.fairtrade.net/about/how-fairtrade-works

"Janusz Korczak", Wikipedia en.wikipedia.org/wiki/Janusz_Korczak#cite_note-Berg-22

책

강무홍, 『천사들의 행진』(양철북, 2008)

댄 스니드, 『하나님이 만드신 참 좋은 나』(예수전도단, 2002)

미래창조과학부 미래준비위원회, 한국과학기술기획평가원, 카이스트, 『10년 후 대한민국 미래 일자리의 길을 찾다』(지식공감, 2017)

이종철, 신은정, 김지현, 이하나, 『스윗스팟』(북모아, 2015)

정민, 『삶을 바꾼 만남』(문학동네, 2011)

보고서

제5회 과학기술예측조사, 한국과학기술기획평가원 www.kistep.re.kr/board.es?mid=a10305080000&bid=0002&list_no=34290&act=view

진로교육현황조사 2016, 한국직업능력개발원 https://www.moe.go.kr/boardCnts/viewRenew.do?boardID=294&lev=0&statusYN=C&s=moe&m=020402&opType=N&boardSeq=65198

The Future of Jobs Report 2020 www.weforum.org/reports/the-future-of-jobs-report-2020/in-full

OECD Science, Technology and Innovation Outlook 2016 doi.org/10.1787/sti_in_outlook-2016-en

기사

"고 한경직목사의 '아름다운 삶' 길이 기억될 것", 한국기독공보 www.pckworld.com/article.php?aid=1739339227

"대학생 10명 중 7명 전공 선택 후회", 조선일보 www.chosun.com/site/data/html_dir/2014/08/15/2014081501822

"모바일, 세상을 뒤흔들다", 디지털투데이 www.digitaltoday.co.kr/news/articleView.html?idxno=45244

"石선장 살려낸 이국종 교수", 조선일보 www.chosun.com/site/data/html_dir/2011/03/11/2011031101859.html

"손정의 'AI패러다임 시프트 반드시 온다'", 아주경제 news.zum.com/articles/51305551

"은둔자가 되기로 한, '흥남부두 기적'의 영웅", 오마이뉴스 star.ohmynews.com/NWS_Web/OhmyStar/at_pg.aspx?CNTN_CD=A0002780515

"2018 누가 한국을 움직이는가⑨ 故 김수환 추기경, 종교인 1위에", 시사저널 https://www.sisajournal.com/news/articleView.html?idxno=177607

영상

"디트리히 본회퍼 목사의 마지막 발자취와 그의 메시지", 교회교육연구소 youtu.be/AK_7L81perw

모두가 버린 난민, 보트피플. 96명의 보트피플을 구하기 위해 자신의 모든 것을 내건 캡틴 전, 전제용, KBS LIFE youtu.be/9hoVAfpXdNc(1부), youtube.com/watch?v=ARomoC7I12U(2부)

"Get your next eye exam on a smartphone", TED www.ted.com/talks/andrew_bastawrous_get_your_next_eye_exam_on_a_smartphone

고민 많은
크리스천 청소년을 위한
꿈 찾기 안내서

크리스천 십대의
진로여행

사명선언문

너희가 흠이 없고 순전하여……세상에서 그들 가운데 빛들로
나타내며 생명의 말씀을 밝혀 _ 빌 2:15-16

1. 생명을 담겠습니다
만드는 책에 주님 주신 생명을 담겠습니다.
그 책으로 복음을 선포하겠습니다.

2. 말씀을 밝히겠습니다
생명의 근본은 말씀입니다.
말씀을 밝혀 성도와 교회의 성장을 돕겠습니다.

3. 빛이 되겠습니다
시대와 영혼의 어두움을 밝혀 주님 앞으로 이끄는
빛이 되는 책을 만들겠습니다.

4. 순전히 행하겠습니다
책을 만들고 전하는 일과 경영하는 일에 부끄러움이 없는
정직함으로 행하겠습니다.

5. 끝까지 전파하겠습니다
모든 사람에게, 땅 끝까지, 주님 오시는 그날까지
복음을 전하는 사명을 다하겠습니다.

서점 안내

광화문점	서울시 종로구 새문안로 69 구세군회관 1층 02)737-2288 / 02)737-4623(F)
강남점	서울시 서초구 신반포로 177 반포쇼핑타운 3동 2층 02)595-1211 / 02)595-3549(F)
구로점	서울시 동작구 시흥대로 602, 3층 302호 02)858-8744 / 02)838-0653(F)
노원점	서울시 노원구 동일로 1366 삼봉빌딩 지하 1층 02)938-7979 / 02)3391-6169(F)
일산점	경기도 고양시 일산서구 중앙로 1391 레이크타운 지하 1층 031)916-8787 / 031)916-8788(F)
의정부점	경기도 의정부시 청사로47번길 12 성산타워 3층 031)845-0600 / 031)852-6930(F)
인터넷서점	www.lifebook.co.kr